일러두기

존 웨슬리의 설교는 한국웨슬리학회 편, 『웨슬리설교전집』(대한기독교서회, 2006)을 주로 사용하였고, 본문에서는 (권수:쪽수)로 표기함. 예) (5권:25) 필요에 따라 다른 본을 사용한 경우, 각주로 처리하였음.

일기, 편지 및 기타 저작은 Frank Baker, Reginald Ward, Richard Heitzenrater, eds. *The Works of John Wesley, Bicentennial eds* (Nashville: Abingdon Press, 1991)을 사용하였고, 본문에서는 (권수:쪽수)로 표기함. 예) (vol.5:25) 필요에 따라 다른 본을 사용한 경우, 각주로 처리하였음.

웨슬리
따라

갓생살기

Prologue

웨슬리에 관하여
vs
웨슬리처럼

                아주 오래전 군 시절의 일입니다. 한겨울에 첫 휴가를 나왔습니다. 오랜만에 두 다리를 뻗고 따뜻한 방에서 편하게 잠들었습니다. 모처럼 맘 놓고 늦잠을 자고 싶었는데 새벽에 눈이 떠져 다시 잠이 오지 않았습니다. 평소 아침잠이 많은 나도 군생활 몇 개월 만에 완전히 바뀐 것입니다.

    이것뿐이 아니었습니다. 말투 역시 '엄마'가 '어머니'로, '이랬어', '저랬어'가 '아닙니다', '괜찮습니다'로 바뀌어 있었습니다. 가족들은 그런 나를 신기하게 바라봤습니다. 이런 신기함은 군 생활을 하던 내 아들을 통해 나도 똑같이 느꼈습니다. 결론은 일시적이지만 군대도 사람을 바꿀 수 있다는 것입니다.

1. 교회에 열심히 다니면 뭐가 바뀌는데?
2. 신학대학(원)을 졸업하면 뭐가 바뀌는데?
3. 웨슬리를 사부로 삼는 너희들은 칼뱅을 사부로 삼는 사람들과 뭐가 다른데?

첫 번째 질문은 교파를 불문하고 신앙생활을 하는 모든 이를 향한 질문입니다. 두 번째 질문은 신학대/신대원 학생이나 교회 리더를 향한 질문입니다. 마지막 질문은 존 웨슬리를 사부로 삼는 교회의 신자들과 나에게 던지는 질문입니다.

입대해서 3개월만 훈련을 받아도 민간인이 군인이 되고, 특정 대학을 나온 사람들은 타 대학 출신들과 뭔가가 다르고, 특정 지방 사람들은 타지 사람들과 다른 그들만의 정서와 특성이 있다는데, "평생을 존 웨슬리의 후예, 아니 그리스도의 군사로 살아온 너는 다른 사람들과 뭐가 다른데?"라고 자문해 보면 누구보다도 나 자신이 가장 부끄럽습니다.

한발 더 나아가 "웨슬리언인 너는 다른 교회 사람들과 뭐가 다른데?"라는 질문을 받으면 더더욱 할 말이 없어집니다. 여기까지 생각이 미치면 군대도 사람을 바꾸는데 교회는, 신앙은, 웨슬리는 사람을 바꾸지 못하는 것이 아닌가 하는 생각이 듭니다.

그녀는 장신구를 모두 떼어내고 무늬 없는 검은 옷으로 갈아입었다. 그리고 요란하게 장식된 모자를 벗고, 큰 나비 모양으로 땋았던 머리를 풀어 빗어 내린 뒤, 간소한 실내모를 썼다. 그러자 그녀는 갑자기 초기 감리교도처럼 보였다.[1]

19세기 작가 조지 엘리엇(George Eliot)이 그녀의 소설 『미들마치』에서 묘사한 초기 감리회원들은 복장에서부터 일반인들과 구별되었습니다. 그들은 매우 검소하고 단출한 검은색 옷을 입고 다녔습니다. 사람들은 어디서나 이들을 만나면 그들의 행동이나 외모에서 감리회원임을 알아챘습니다. 검고 검소한 복장을 한 그들은 필요하다 싶으면 어디서든 설교를 하고, 성서의 교훈을 전하고, 악행을 지적했습니다.

그런데 현재 그리스도인은, 교회 지도자는, 웨슬리언은 말을 하지 않는 한 어떻게 구별할 수 있을까 생각해 봅니다.

어떤 사람들은 '나는 목사, 장로, 4대째 모태 신앙인, 선교사, 찬양 사역자, 복음 전도자, 유명한 교회 청년부 임원' 등으로 자신의 정체성을 대신합니다. 또 어떤 사람들은 자신의 명성과 인맥을 '나의 교

---

1 조지 엘리엇, 『미들마치』, 한애경 역 (지식을만드는지식, 2022), 149.

인 됨/나의 웨슬리 됨'의 증표로 사용합니다. 물론 이것은 옳지도 않고 성서적이지도 않습니다.

이것들은 참 나(我)가 아닌, 내게 붙은 군더더기들이며, 주님께서는 사람을 외모로 취하시지도 않고(롬 2:11), 유명한 이들을 좋아하시지도 않기 때문입니다(갈 2:6). 선수가 신은 명품 축구화의 가격이나 인맥으로 국가대표를 선발하지 않는 것과 같은 이치입니다. 중요한 것은 실력입니다. 그리고 실력은 머릿속에 쌓이지 않고, 몸에 배어듭니다.

편한 보직의 군대보다 혹독한 훈련을 받는 군대일수록 군인 정신이 투철합니다. 훈련은 믿음을 굳건히 합니다. 그리고 참된 군인은 눈빛, 외모, 태도가 민간인들과 확연히 다릅니다. 작은 근육에까지 정확한 자세가 입력된 선수만이 정교한 장타를 칠 수 있습니다. 훌륭한 군인, 실력 있는 운동선수가 되기 위해서 받는 올바르고 지속적인 훈련만이 그들을 가짜가 아닌 진짜로 만듭니다.

우리가 오랫동안 예수를 믿고 웨슬리의 후예로 살았지만 그분들의 모습으로 바뀌지 않았다면, 원인은 몸으로 훈련하지 않고 머리로만 알았기 때문입니다. 이 책은 '존 웨슬리에 관해 알기'가 아니라 '존 웨슬리처럼 살기'에 관한 책입니다. 우리는 이런 접근방식을 '영성'이라고 부릅니다. 그래서 이 책을 활용하는 데는 약간의 주의사항이 필요합니다.

첫째, 숙제하듯 읽는 것은 좋지 않습니다.

40년 동안 새벽기도를 했어도 사람이 바뀌지 않는 것은 기도를 숙제처럼 자기 성과물로 여기거나 자기 의지의 금자탑으로 생각하기 때문입니다. 영성생활이 모범생 되기나 도덕적 우위를 점하는 것이라는 착각을 버려야 합니다. 그러지 않으면 딱딱하게 굳은 교만의 열매가 맺힙니다. 이렇게 나이가 들면 웨슬리를 닮은 사람이 아니라 웨슬리를 주장하며 타인을 평가하는 사람이 됩니다. 이 책을 실천할 때는 의무감을 느끼되, 환경에 맞는 유연성을 발휘해야 합니다.

둘째, 여성들은 책의 내용을 여성의 입장에서 성찰해야 합니다.

여성 영성과 남성 영성은 생물학적·사회적 차이로 인해 다릅니다. 나는 남성이기 때문에 나도 모르게 남성의 영성과 언어가 책 속에 녹아들었습니다. 그러므로 이 책을 활용하고자 하는 여성들은 자신들의 경험과 언어로 재해석하는 융통성을 발휘해야 합니다.

셋째, "존 웨슬리가 지금 우리 시대에 살고 있다면 그는 어떻게 생각하고 실천했을까?"라고 지속해서 물어야 합니다.

원래 이 책은 주를 영접한 청년들과 웨슬리언 학생들에게 도움을 주고픈 마음에서 시작했습니다. 그리고 신앙을 가지지 않은 일반 청년들도 웨슬리에게 지혜를 얻어 행복하고 성공적인 삶을 사는 데 참고하길 기대했습니다.

그러나 존 웨슬리는 300여 년 전의 사람입니다. 그의 시대와 우리

시대 사이에는 공통점도 있지만, 서로 이해하기 어려운 큰 간극과 단절이 존재합니다. 더군다나 우리는 유산을 계승해야 하지만, 그렇다고 과거의 유산을 다 짊어지고 미래로 갈 수는 없습니다. 따라서 이 책을 활용할 때 웨슬리의 정신은 계승하면서 우리 시대에 맞게 적용해야 합니다.

이 책은 그간 내가 다른 학교의 교수가 아닌 웨슬리언 학교의 교수로, 다른 교회의 목사가 아닌 감리교 목사로, 그리고 한 사람의 웨슬리언으로 살려고 노력했던, 또 학생들에게 요구했던 삶의 매뉴얼입니다. 그러나 마음과 달리, 만족스러울 만큼 웨슬리로 살지 못한 한 웨슬리언의 고백이기도 합니다.

또한 이 책은 웨슬리언을 포함한 젊은이들에게 드리는 글이기도 합니다. 요즘 젊은이들을 갓생(하나님을 의미하는 God과 인생을 의미하는 生의 합성어)을 살기 원한다고 합니다. '갓생'이란 부지런하고 모범이 되는 삶, 자기관리를 철저히 하는 계획적인 삶, 목표를 향해 열심히 사는 삶이라고 합니다. 300년 전, 존 웨슬리는 갓생을 살았던 교과서 같은 인물입니다. 그래서 나는 젊은이들에게 이 책을 통해 21세기 갓생의 도움을 받기 원합니다.

아무쪼록 이 책과의 만남이 하나님과 존 웨슬리의 의도대로 자신이 변모하고 승리하는 계기가 되길 기도합니다.

차례

Prologue   웨슬리에 관하여 vs 웨슬리처럼 • 4

00 존 웨슬리 사용설명서

웨슬리를 통한 그리스도 살기 안내서 • 15

01 내면 훈련

웨슬리 따라 훈련 계획 세우기 • 27
웨슬리 따라 기도하기 • 34
웨슬리 따라 말씀 읽기 • 45
웨슬리 따라 금식하기 • 53
웨슬리 따라 일기 쓰기 • 62

02 자기 계발

웨슬리 따라 나만의 나 계발하기 • 73
웨슬리 따라 공부하기 • 82
웨슬리 따라 시간 관리하기 • 90
웨슬리 따라 친구 사귀기 • 98
웨슬리 따라 생태감수성 계발하기 • 108
웨슬리 따라 지성과 영성 균형 맞추기 • 122
웨슬리 따라 투자하기 • 131
웨슬리 따라 실패하기 • 142

03 공동체 가꾸기

웨슬리 따라 공동체 만들기 · 153
웨슬리 따라 설교하기 · 161
웨슬리 따라 건강 챙기기 · 169
웨슬리 따라 연대하여 일하기 · 178

04 인생 설계

웨슬리 따라 시대 활용하기 · 191
웨슬리 따라 대중문화 포용하기 · 199
웨슬리 따라 중용 실천하기 · 208
웨슬리 따라 나이 저축하기 · 216
웨슬리 따라 행복하기 · 224

05 웨슬리언 즐기기

여행하며 기도하기 · 235
커피와 영화 즐기기 · 245
권태 극복하기 · 255
통증과 함께 살기 · 263

Epilogue 웨슬리언 정체성에 감격하라! · 272

00
존 웨슬리
사용설명서

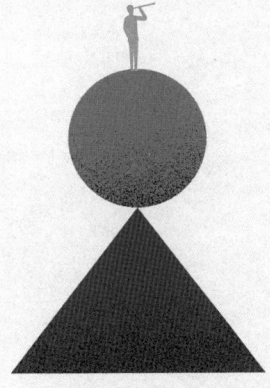

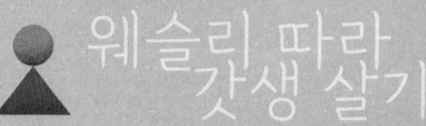
웨슬리 따라
갓생 살기

웨슬리를 통한
그리스도 살기 안내서

책이라고 다 같은 책은 아니다

서점에 가면 수많은 책이 진열되어 있다. 내게 흥미롭지 않은 책은 거의 없다. 무심히 보면 책은 종이에 인쇄된 문자로서 내용의 차이가 있을 뿐 다 같은 것이라 생각된다. 하지만 관심을 두고 유심히 살펴보면 책은 용도와 작동방식에 엄청난 차이가 있다.

A유형이라고 칭하려는 이 책은 근육에 대한 해부학적 이론서이다. 이 책은 우리 몸의 모든 근육에 대한 정보를 담고 있다.

내가 아직도 기억하는 근육 이름이 하나 있는데 텐도 칼카니우스(tendo calcaneus), 발꿈치 어딘가에 붙어 있는 근육으로 기억한다. 초등학생 때 정말 좋아했던 의대생 막내 외삼촌이 내게 작은 근육

〈A유형〉 근육이론서

이름 하나도 이렇게 복잡하다고 알려줬는데 나는 지금까지 그 근육의 이름을 잊지 못했다. 그런데 내가 오랫동안 이 발꿈치 근육에 대한 지식과 정보를 갖고 있었다고 내 발꿈치 근육이 튼튼해지거나 단련된 것은 아니다. 이 책은 근육에 대한 정보와 이론만을 담은 책으로, 공부하는 학생과 만나면 그들이 이 책을 읽고 이해하고 외우게 작동한다. 그런데 근육과 관련된 책이지만 또 다른 방식으로 작동하는 책이 있다.

수년 전 동창 모임에 나갔더니 한 친구가 으리으리한 상체를 뽐내며 나타났다. 나이가 들어가며 남성성이라고는 창고의 뒤주 속에나 둬야 할 시기에, 보고도 믿기지 않는 당당한 근육을 드러내며 나온 친구는 단연 그날 모인 모두의 관심거리였다. "도대체 어찌 된 일이야? 어떻게 하면 너처럼 되는 거지?"라는 물음이 쏟아졌다. 그러자 친구는 딱 한 마디로 대답을 갈음했다.

"내가 책 한 권씩 보내줄 테니까 일단 그 책에서 하라는 대로 따라만 해봐. 알았지?" 친절한 친구는 우리 주소록을 만들었고, 나는 시키는 대로 주소를 적어 넣었다. 어차피 나는 몸짱이 될 의도도, 계획도 없었지만 말이다. 여하튼 한 주쯤 뒤에 책 한 권이 배달되었다. 수년이 지난 지금까지 나는 이 책을 따라 한 적이 없고 앞으로도 그럴 것 같다. 그런데도 이 책은 여전히 내 책장 한구석을 차지하고 있다.

B유형인 이 책은 근육 건강에 대한 책이지만 A유형의 책과는 근본적으로 다르다. 근육에 대한 수많은 정보를 제공하는 A유형의 책은 독자가 지적 활동을 하게끔 작동한다.

그러나 근육 강화 안내서인 이 책은 '근육이 무엇인가?'가 아니라 '어떻게 운동하면 근육이 발달하는가?'라는 관점에서 쓰였기에 지적 활동이 아닌 육체적 활동을 하게 작동한다.

다시 정리해 보면 A유형이나 B유형은 둘 다 근육에 관한 책이며 서점에 가면 나란히 책장에 꽂혀있지만, 독자와 만났을 때 작동하는 방식은 전혀 다르다. 전자는 이론서로서 머리를 사용하게끔 작동하고, 후자는 실천 안내서로서 몸을 사용하게끔 작동한다.

〈B유형〉 근육훈련서

마지막으로 언급할 C유형은 베스트셀러였던 『운동화 신은 뇌』라는 책이다. 이 책은 운동이 어떤 광범위한 효과를 내는지에 대한 것으로, 운동을 하며 이를 지도했던 사람들의 체험기이다. 다시 말하면 운동 체험기 또는

〈C유형〉 근육훈련 체험서

간증기라는 말이다. C유형의 책은 A유형의 책에 담긴 지식과 정보는 포함하지 않으며, 오직 B유형의 책을 따라 해서 도출된 결과를 담아낸 체험기이다. A유형의 책이 독자의 지적 활동을 촉발하는 방향으로 작동했다면, B유형의 책은 육체적 활동을 촉발했다.

그런데 C유형의 책은 운동을 시작하고자 결단하게끔 독자들의 의지를 자극하는 방식으로 작동했다. 정리하면 근육과 관련한 세 유형의 책은 독자와 접촉했을 때 지성, 실천, 의지라는 완전히 다른 방식으로 작동하며 표면효과를 만들어 냈다.

강한 웨슬리언들의 진짜 훈련

이제 논의의 초점을 신학책으로 돌려볼까 한다. 가령, 성 토마스 아퀴나스(St. Thomas Aquinas)는 『신학대전』 첫 부분에서 하나님에 관하여 "하나님은 가장 완전하다. 물질이 아니며 조금도 가능태를 갖지 않기 때문이다. 하나님은 제일 운동의 원리이며 모든 완전성의 원리이고 원천이다."라고 서술한다.[2] '1+1=2'처럼 논리적으로 완벽하므로 고개를 끄덕이게 된다.

또 다른 사례로 "하나님 '안'에서 인간이 몸과 영혼으로 맛보는 기쁨은, 곧 인간 '안'에서 하나님이 누리시는 기쁨이기도 하다. … 생명 긍정의 최고 형태는 삶을 즐기는 일이다. … 일함이 주는 영원한 즐

---

2 ST, I, q.2, a.1, 3, q.3, a.1, 2, 6.

거움이 삶을 생동하게 만들며 즐기게 한다. 삶을 즐겨야 삶이 생동하며, 동시에 삶이 영원해진다. 그것은 바로 영원하신 하나님의 형상이기 때문이다."[3]라는 글을 보자. 하나님 안의 기쁨, 생동감, 영원한 즐거움, 삶의 즐김 등 멋진 언어들의 잔치이다. 그리고 모두 타당하고 긍정할 만한 내용이다. 다만 이 문장을 읽는다고 해서 내 삶이 기쁘고, 생동감 있고, 영원히 즐겁지는 않다.

　서구신학과 신학교육은 올곧이 위와 같은 A유형의 신학을 주로 생산해냈고, A유형의 신학만을 가르쳐 왔다고 해도 과언이 아니다. 특히 계몽주의를 거친 개신교 신학은 더욱 그러하다. 심지어 영성신학이나 실천신학조차 A유형만으로 가르치는 아이러니한 현실이다. 그리고 B유형은 대부분 생략되기 일쑤인데 특히 영성에 관해서는 더더욱 그러하다. 그리고 독자들은 바로 C유형의 글에 열광한다. 그래서 C유형의 글은 베스트셀러가 될 가능성이 가장 크다. 기독교에서 C유형의 대표적인 책은 간증집이라 할 수 있다.

　소위 지적인 신학 전통이 A에 천착해 왔다면, 복음주의적인 신앙은 C에 집중되어 있다. 하지만 '어떻게?'라는 중간단계의 안내서는 거의 없다.

　축구선수를 예로 들면 운동장에서 실제로 공을 차지 않고 축구의 역사나 전술 이론만을 배우거나 경기 하이라이트를 보며 논평만 일

---

[3] 위르겐 몰트만, 『살아 계신 하나님과 풍성한 생명』, 박종화 역 (대한기독교서회, 2017), 50~57.

삼는 셈이다. 만약 수영선수가 강의실에서 이론만을 배우고 훈련하지 않는다면 위기 상황에서 물에 빠져 죽는다.

존 웨슬리에 관한 정보나 이론은 매우 풍부하다. 비단 한국뿐 아니라 미국이나 영국의 자료들도 마찬가지이다. 이 자료들은 한결같이 웨슬리의 생애, 활동, 신학, 정신 등을 다루는 A유형 웨슬리 연구서들이다. 그러다가 가끔 C유형의 책이 보이는데 보고서 혹은 역사의 형식으로 쓰여 있다.

그러나 그 어디에도 '강한 웨슬리언들의 진짜 훈련' 내지는 '이 시대 웨슬리언으로 살며, 승리하는 법' 같은 B유형의 안내서는 없다. 혹 있어도 300여 년의 세월을 무시한 채 과거를 복사하는 정도이니 따라 하기 불가능하다.

다시 말하면 웨슬리에 대한 지적정보를 담은 책은 많이 출간되지만 '웨슬리-되기(becoming-Wesley)'에 관한 책은 찾기 힘들다. 그야말로 웨슬리를 '머리'로만 알아온 것이다. 웨슬리-되기를 쉬운 말로 표현하면 바로 '웨슬리 영성'이다.

이 지점에서 웨슬리의 독서 형태를 한번 들여다볼 필요가 있다. 단적으로 웨슬리는 B유형의 책을 많이 읽었을 뿐 아니라 거기에서 영향을 가장 많이 받았다. 웨슬리는 대학생활을 하며 조지 체니(George Cheyne)의 『건강과 장수』, 『자연치유 방법』을 탐독했고, 평생 동물성 지방을 피하고 저염식과 소식을 실천했다. 그는 목회자로서 가장 기본적인 건강 유지를 위해 B유형 건강서를 옆에 두고 실천했다.

그렇다면 웨슬리는 영적 진보를 위해 어떤 책을 읽었을까?

청년 시절 존 웨슬리가 탐독하고 실천했던 〈B유형〉 도서들

　성숙한 웨슬리가 다양한 이유로 거리를 두거나 비판했지만, 다음의 책들은 웨슬리의 영적 훈련에 방법론을 제시해 준 중요한 B유형 책들이었다. 시기별로 살펴보면 옥스퍼드 시절 웨슬리는 기독교 역사에 있어서 B유형의 대명사로 불리는 토마스 아 켐피스(Thomas à Kempis)의 『그리스도를 본받아』에 깊이 빠져 있었다. 그리고 또 다른 B유형인 제러미 테일러(Jeremy Taylor)의 『거룩한 죽음』에도 심취했다.

　이 책들을 통해 그는 자신의 삶뿐 아니라 생각, 말, 행위 일체를 하나님께 바치기로 결심하고 실천하기 시작했다. 최근 웨슬리 학자들은 올더스게이트 체험보다 이 시점을 웨슬리의 회심으로 보기도 한다. 그 후 웨슬리 형제가 신성클럽을 통해 구현하려고 했던 영적 패턴의 일상은 이 책들에 빚진 바가 크다.

그 외에도 윌리엄 로우(William Law)의 『경건한 삶을 위하여』, 『성스러운 삶을 위한 부르심』, 프랑수아 페넬롱(François Fénelon)의 『그리스도인의 완전』, 존 오웬(John Owen)의 『죄와 유혹』 등이 웨슬리의 결단과 실천에 지대한 영향을 준 B유형 고전들이다. 특히 윌리엄 로우의 책은 그가 평생 하나님께 헌신하는 방법론으로 금욕적 방식을 채택하는 데 결정적인 역할을 했다.

웨슬리가 읽었다는 말을 듣고 나 역시 30세에 윌리엄 로우의 책을 읽었는데, 이 책은 내 삶과 신앙에 큰 영향을 미쳤다.

평소 학생들에게 웨슬리가 청년 시절 탐독했던 위의 저작들을 읽도록 권유하지만 기대하는 것만큼 효과적이지는 않다. 그도 그럴 것이 이미 우리가 사는 시대는 웨슬리의 시대에서 300년 가량 흘러왔기 때문이다.

AI(인공지능)와 IoT(사물인터넷)로 대변되는 4차 산업혁명 시대에 웨슬리언으로 살기 위해서는 어떤 실천이 필요할까? 비록 300여 년 전 사람이지만 존 웨슬리의 모습과 실천들이 우리에게 유의미한 것은 웨슬리도 우리와 같이 격변하는 시기를 살았기 때문이다. 사회 변혁기에 살았던 웨슬리를 꼼꼼히 살펴보면 현재 우리가 해야 할 실천들의 윤곽이 조금씩 드러날 수 있다.

이 책은 4차 산업혁명 시대의 웨슬리언 되기 B유형 도서를 염두에 두고 계획되었다. 『존 웨슬리 신학』 같은 신학서가 아니라 『근육운동 40일 따라 하기』 같은 안내서이다. 그래서 학문적인 내용은 과감하게 생략하거나 축소했고, 독자들이 책을 읽고 책장에 보관하기보다는 내용에 따라 하나하나 생활에서 직접 실천할 수 있게끔 배열했다. 그리고 웨슬리언은 물론 존 웨슬리의 방식으로 자신을 개발하고자 하는 모든 사람을 독자로 가정했다. 그러므로 이 책을 읽는 사람들은 꼭 웨슬리언일 필요가 없으며, 존 웨슬리를 알 필요도 없다.

웨슬리의 삶에 동의하는 사람들 모두 이 책을 자기개발서로 활용할 수 있다. 또한 존 웨슬리 역시 그리스도를 닮아 살아가기 위해 노력했던 분이므로, 이 책은 웨슬리를 통한 그리스도 살기 안내서이기도 하다. 따라서 모든 개신교인이 활용할 수 있다.

다만 이 책을 안내서로 사용하면서, 그가 살던 그대로 살 수 없으므로 이 시대에 어떻게 적용해서 실천할 것인가 하는 문제를 염두에 두고 책을 활용해야 한다.

01
내면 훈련

웨슬리 표 영성을 지닌 웨슬리언은
어떤 색깔의 모습을 하고 있을까?

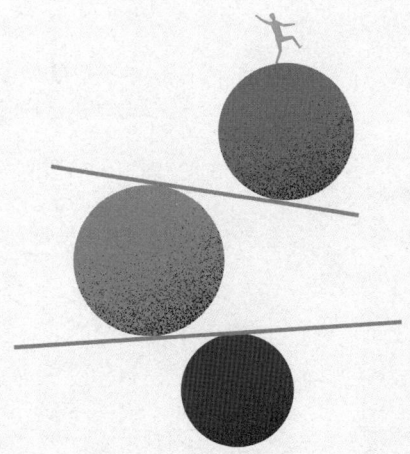

웨슬리 따라
갓생 살기

웨슬리 따라
훈련 계획 세우기

Before & After

매년 실패했고 성공할 자신도 없으면서, 새해를 맞이하며 항상 세우는 목표가 있다. '매일 운동해서 뱃살을 빼고 적당한 근육을 만든다.' 목표를 세운 후에는 생활 계획표도 만든다. '아침에 일어나서 기도 후 뒷산에 올라갔다 오고, 저녁 식사 후에는 체력 단련실에서 1시간 이상 근력 운동을 한다.' 운동 계획과 더불어 다이어트 계획도 거

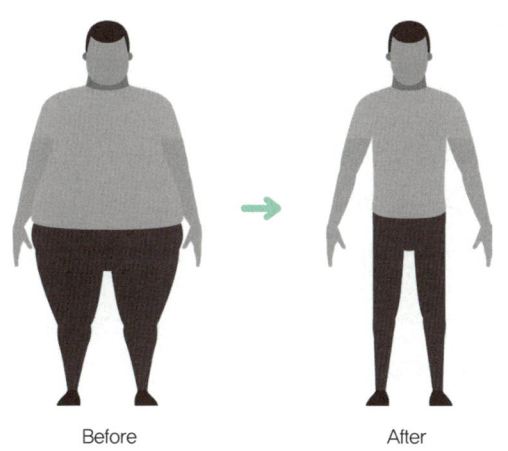

Before   After

창하게 세운다. '좋아하는 짜장면, 라면, 과당류를 끊고 채식 위주의 저염식으로 소식한다.' 제대로 지킬 것 같지 않으면서도 일 년 후 변화된 모습을 상상하며 상의를 벗고 거울 앞에 서서 Before 사진을 찍는다. 안타깝고 부끄럽게도 아직 After 사진을 찍은 적은 없다.

  사람은 일 년을 살아도 목표를 세우고, 그 목표를 달성하기 위해 실천 방안을 찾는 법이다. 그런데 일생은 어떠할까? 어떤 사람이 많은 재물을 쌓는 것을 인생의 목표로 삼았다고 하자. 그러면 그 사람은 재물 쌓는 방법을 깊이 연구하고 이를 실천할 것이다. 공자(孔子)는 15세 때 학문에 뜻을 두었다(志學)고 하니 매우 조숙했던 것 같다.[4] 물론 여기서의 학문은 현재 우리가 하는 공부를 말하지 않는다. 당시 학(學)은 하나의 이념을 기반으로 그 이상향의 인간형에 도달하기 위한 노력, 즉 성인학 혹은 군자학을 의미했다. 다시 말해 공자는 15세에 자신의 이념에 기반하여 성인 혹은 군자가 되기 위한 인생의 목표를 세운 셈이다.

  그렇다면 웨슬리는 어떤 인생의 계획을 세웠을까?

> "나는 즉시 나의 모든 생각, 말, 행동, 곧 내 모든 생명을 하나님께 드리기로 마음먹었습니다. 중간은 없다고 철저히 확신하였습니다. 내 생의 전체가 아닌 일부만을 하나님께 헌신한다면 그것은 나 자신에게, 즉 결과적으로 악마에게 헌신하는 것이 됩니다(vol.25:330)."

---

[4] 『논어』(論語), 위정편(爲政篇).

철저한 신앙의 가정에서 태어나 성장한 웨슬리가 새삼스럽게 헌신을 다짐하는 것이 의외일 수 있다. 그러나 이 결심을 했을 때 웨슬리는 고작 22세였다.

옥스퍼드 시절, 그는 정해진 종교적 의무를 모두 이행하면서도 자신이 진정 기독교에 대해 명확히 깨달았는지 확신하지 못했고, 부모님의 조언으로 성직을 준비하면서도 왜 신앙인은 그토록 가혹하게 살아야 하는지 이해하지 못했다. 그러던 중, 1725년 청년 웨슬리는 이제까지 불확실성 속에서 희미했던 삶의 목표가 확고해지면서 위와 같은 고백을 하게 된다.

하나님께 자신을 드리겠다는 웨슬리의 결심은 단지 종교적인 수행, 의무, 사역에 온전히 헌신하겠다는 것을 넘어서서 자신의 말, 생각, 의도, 느낌까지 하나님께 헌신한다는 뜻이다. 다시 말하면 기도 생활이나 교회 사역뿐 아니라 밥을 먹을 때도, 화장실에 갈 때도, TV를 보면서 발톱을 자를 때도, 자신이 하는 모든 일을 하나님께 드리는 헌신의 모습으로 바꾸겠다는 것이었다. 이는 거룩한 성화의 삶을 살겠다는 웨슬리의 결단이었다.

성공한 사제가 아닌 거룩한 성자로 인생의 목표를 정한 웨슬리는 곧 자신이 완성해야 할 '자기(성자) 만들기 프로젝트'를 가동했다. 올해 5kg 감량을 목표를 세운 사람이 목표 달성을 위해 다각도로 훈련과 다이어트 계획을 세우듯이, 그도 매우 정교한 훈련 프로젝트를 만들기 시작했다.

요요현상을 두려워하지 않은 성화 프로젝트

규칙 1 : 아침에 눈을 뜨자마자 무조건 하나님을 생각하는 습관을 들여라. 그리고 그분을 위해 무엇을 할 것인지 생각하라. 잘 때는 그분이 너의 눈을 감겨 주시도록 자신을 그분에게 온전히 맡겨라. 잠은 꼭 필요한 만큼만 건강하게 잘 것이요, 화장실을 가는 것 외의 불필요한 일에 잠자는 시간을 빼앗겨서는 안 된다.

규칙 2 : 작은 행동 하나를 할 때도 그 목적을 생각하라. 행동할 때 왜 그것을 해야 하는지, 그 결과는 무엇이며 목적에 부합하는지 자문하며 행동하라. 그리고 무엇을 하든지 성부와 성자와 성령의 이름으로 행동하라. 왜냐하면 첫째, 우리는 우리 행위가 하나님의 뜻에 부합하고 그분이 허락하신 것인지 주의 깊게 살펴야 하기 때문이며, 둘째, 우리의 행위가 하나님의 영광을 위한 것인지 세밀히 살펴야 하기 때문이며, 셋째, 행동하는 우리의 목적과 의도가 사적 이익에 결부되지 않고 성스럽도록 하나님께 은총을 구해야 하기 때문이다.[5]

위의 규칙은 제러미 테일러(Jeremy Taylor)의 『거룩한 삶을 위한 규칙』 중 일부이다. 제러미 테일러의 『거룩한 삶을 위한 규칙』, 『거룩한

---

5   제러미 테일러의 두 저작은 Christian Classics Ethereal Library (https://ccel.org) 에서 무료로 받을 수 있다.

Before

After

죽음을 위한 규칙』에는 셀 수 없이 많은 삶의 규칙으로 가득하다. 웨슬리는 자신의 훈련 프로젝트를 만들며 이 책들과 『그리스도를 본받아』, 그리고 윌리엄 로우의 저술들에 많은 도움을 받았다고 밝혔다.

하지만 웨슬리는 이 책들을 자신의 훈련 계획에 그대로 차용하지는 않았다. 때론 비판하고, 때론 수정하고, 때론 그대로 따르면서 웨슬리는 자기만의 '자기(성자) 만들기 프로젝트'를 만들었다.

그는 '의지에 관한 총칙', '시간 사용의 9가지 규칙', '자기 성찰일지' 등을 만들어 훈련하였고 후에 이 규칙들을 홀리클럽(Holy Club)을 통해 동료들과 나누었다. 비록 웨슬리의 생애에도 빈번히 요요현상이 일어났지만 그는 평생 이 규칙과 훈련들을 자신에게 가동하며 그가 목표한 After가 되기 위해 일생을 헌신했다. 그리고 말년에 "일생을 하나님과 함께하는 행복한 삶을 살았다."고 고백하며 하나님 품으로 떠났다.

웨슬리 군단의 병사로

정신교육을 아무리 많이 받아도 군인정신이 투철한 병사가 되지 않는다. 오히려 훈련의 강도가 세면 셀수록 군인정신은 투철해진다. 요가 매트 위에서 팔젓기와 발차기를 아무리 많이 연습해도 물에 빠지면 죽는다. 오히려 올림픽 수영 종목의 이론을 전혀 모르는 바닷가 어린아이들은 개헤엄으로 무서운 파도가 치는 바다를 제집처럼 들락거린다. 머리로만 알고 믿으면 신앙이 깊어지지도 않거니와 힘과 실력이 없는 부족한 그리스도인(Almost Christian)이 될 수밖에 없다.[6] 그렇다고 이론을 등한시하면 큰일 난다. 이론이 없는 병사는 전쟁 기계가 되고, 이론에 따른 정확한 방법의 수영 기술을 습득하지 못하면 꼴찌를 면할 수 없다.

영성 훈련은 종교개혁을 통해 획일적인 전체주의에서 개인의 영역으로 넘어왔고, 영성은 전체적 기준에 맞추는 것에서 개인적 성향에 근거한 다양한 영역으로 변화되고 확장되었다. 이런 이유로 중세교회와 대부분의 개신교는 개인의 영성 훈련을 제한하지 않는다. 그러나 자율성은 고도의 개인적 책임을 요구한다.

감사하게도 웨슬리는 하나님께 헌신하는 삶을 시작하며 선교 계획부터 세우지 않았다. 신학 공부 계획이나 조직의 운영 계획부터 세우지 않았다. 웨슬리가 자신을 헌신하며 처음 한 일은 하나님 앞에 그 누구도 아닌, 단 한 사람뿐인 '웨슬리 표 성자'로 사는 것이었다. 특정 대학을 나온 사람은 꼭 티가 난다고 한다. 또 특정 부대 출신은 자세와 태도에서부터 구별이 된다.

그렇다면 웨슬리 표 영성을 지닌 웨슬리언은 어떤 색깔의 모습을 하고 있을까? 늘 만족스럽지는 않지만 매년 웨슬리의 훈련 계획을 기반으로 나만의 훈련 계획을 만들고 실천해 보고자 노력하는 것만으로도 또 한 해는 의미가 있다. 웨슬리가 우리들의 사부라서 참 다행이다.

---

6 존 웨슬리 표준설교 두 번째 설교 제목.

웨슬리 따라
기도하기

기도에 관한 오해

내 나이 즈음의 사람이면 이름이라도 들어봄 직한 사람이 있다. 웨스트민스터 채플에서 목회했던 웨일즈 출신 유명 설교자이자 작가인 마틴 로이드 존스(Martyn Lloyd-Jones)가 바로 그분이다. 그는 생전에 "나는 기도를 논하기에는 터무니없이 부족하여 감히 기도에 관한 글을 쓸 엄두를 내지 못했다."고 고백했다.

그런데 나는 로이드 존스 목사 같은 분도 감히 하지 못한 터무니없는 일을 이미 몇 번 저질렀다.[7] 여하튼 예나 지금이나 기도는 그리스도인의 시작과 끝이며 기도 없는 신앙생활은 거짓일 뿐이라는 믿음, 그리고 깨닫거나 성취하기 위해서가 아니라 사랑하기 위해서 기도한다는 믿음에는 변함이 없다.

---

[7] 그중 하나가 '기도하지 말고 기도하라', 「신앙과 교육(2014. 7)」 (kmc, 2014). 이 글은 「신앙과 교육」과 「강단과 목회(2021. 9·10)」에 기대어 작성함.

기도를 이해하고 기도를 통해 하나님과 살 부빔을 하는 것이 모호한 만큼, 기도에 관해 우리가 가진 오해와 무관심이 있다. 우선 우리는 그간 기도생활을 했기 때문에 기도에 대해 잘 알고 있다고 생각한다. 기도 시간이 부족해서 문제이지 기도할 줄 모른다고 생각하지는 않는다. 그래서일까? 동료들을 만나면 목회, 교회 건축과 이전, 임지 이동, 지방과 교단 등에 대해 이야기꽃을 피우면서도 정작 내 기도와 동료들의 기도에 대해서는 대화를 나눠본 기억이 거의 없다.

기도에 대한 또 다른 오해는 우리가 해왔던 방식만이 기도라고 여기는 태도이다. 얼마 전 존경하는 선배 목사님이 내게 혼자 걸어 다니는 이유가 무엇이냐고 물었다. "기도 좀 하려고 그러죠, 뭐."라고 대답하는 내 얼굴을 그분은 이해할 수 없다는 씁쓸한 표정으로 바라보셨다. 기독교의 2천 년 역사 동안 신앙의 선배들은 수많은 기도법을 창안해서 영혼 안에 하나님을 모셨다. 우리가 풍성한 기도법들을 다 소화해내지 못하는 것은 우리네 교회의 역사가 아직 짧기 때문이 아닐까 짐작해 본다.

또한 사람들은 기도를 잘하기 위해 공부가 필요하다는 사실을 간과한다. 아쉽게도 나는 날 때부터 교회 안에서 자랐지만 어떻게 기도하는지 배우거나 지도를 받아본 적이 없다. 내 머릿속엔 단지 '부름-감사-회개-간구-그리스도의 이름으로'라는 형식만이 남아 있다. 고교 시절, 기도에 대한 궁금증을 채우기 위해 읽었던 앤드류 머레이(Andrew Murray)의 책 역시 당시 나처럼 기도의 주변만 빙빙 돌고 있었다고 기억된다. 기도가 깊어지고 풍성해지기 위해서는 공부, 배움,

노력, 훈련이 필수적이라는 것은 말할 필요가 없다.

　마지막으로 적지 않은 신자들이 기도를 기도의 작용과 동일시한다. 많은 경우 신자들은 기도를 간구(invocation)나 주문(incantation)으로만 생각하거나, 혹은 공로(work)로만 믿는 경향이 있다. 기도를 아픔의 호소(appeal)나 트라우마의 토로(speak-out)로만 생각하기도 한다. 기도에 관한 최악의 태도는 기도가 무용하거나 의미 없다는 것을 스스로 인정하는 경우이다. 이런 기도는 대부분 청중의 "아멘." 소리를 유도하기 위해 행해진다. 물론 기도는 간구도, 주문도, 공로도, 아픔의 호소도 될 수 있다. 하지만 이런 태도는 기도를 하나님께 드리는 것이 아니라 청중을 향한 '발표'나 '선동'으로 전락시킨다.

　기도에서 가장 중요한 것은 '침묵'이다. 이는 우리 영혼을 백지 상태로 만드는 것이다. 침묵은 모든 기도의 바탕이며, 침묵 속에 머무는 것 자체가 훌륭한 기도이다. 그리고 기도와 간구는 구별되어야 한다.[8] 만약 존 웨슬리가 지금 생존해 있다면 어떤 기도를 하실지, 우리에게 어떤 기도를 가르치실지 궁금하다.

산상수훈에서 가르친 웨슬리의 기도

　기도에 관한 존 웨슬리의 가르침에 접근하기 위해서는 전제가 하나 있다. 그는 수도사가 아니었으며, 신비주의와도 일정 정도 거리를

---

[8] 이민재, '간구인가 기도인가', 『기독교세계(2023. 6)』 (kmc, 2023), 61.

두었다는 점이다. 물론 웨슬리는 젊은 시절 신비주의에 큰 영향을 받았고, 꾸준하고 성실하게 신비주의적 실험들을 진행했다. 그런데도 그는 자신의 스승인 윌리엄 로우와의 결별을 신비주의와의 결별이라고 여겼는데, 그는 로우를 신비주의 그 자체라고 생각했다. 사실, 로우와 웨슬리의 논쟁의 초점은 신비주의가 아니었다.[9]

개인적 견해지만 웨슬리가 신비주의와 거리를 둔 이유는 신비주의자나 수도사적 성향과는 거리가 먼 그의 기질 때문이었다고 판단한다. 단적으로, 존 웨슬리는 잠시도 쉬지 않고 활동하는 에너지 넘치는 '목회자'였다. 그는 '기독교는 본질적으로 사회적 종교이며, 만일 고립된 종교로 만들면 기독교를 망치는 것'이라고 확신했다.[10]

그렇다고 해서 웨슬리가 수도생활이나 기도생활을 평가절하했다고 판단하면 착각이다. 그는 고독에 처하거나 은둔의 삶을 사는 것을 유용하게 여길 뿐만 아니라, 이런 삶을 사는 사람들을 참 그리스도인이라 여겼다.[11]

또한 기독교의 뿌리가 외적인 것이 아닌 마음속 가장 깊은 곳에 있다는 점, 즉 기독교가 내적 종교라는 사실을 여러 번 강조했다.[12] 결론적으로 기도에 관한 웨슬리의 가르침은 그의 신학, 기질, 삶을 통

---

9 Robert Tuttle, Jr., *Mysticism in the Wesleyan Tradition* (Grand Rapids: Francis Asbury Press, 1989), 115.
10 존 웨슬리, 『웨슬리가 전한 산상수훈』, 양재훈 번역. 주해 (kmc, 2015), 123.
11 위의 책, 124.
12 위의 책, 145, 330.

해 신비적-목회적 균형을 이루었다. 기도에 관한 웨슬리의 언급은 여러 곳에 산재하지만 가장 기본적으로 그의 산상수훈설교를 중심으로 가르침을 정리해 본다.

첫째, 웨슬리는 기도하기 전에 기도의 대상을 명확히 해야 하며, 그 대상에 몰입해야 한다고 가르쳤다. 즉 기도를 통해 자신이 대화하는 대상이 '사람(에게 잘 보이려는 것)'이 아니라 '하나님'이라는 것을 명확히 해야 한다고 강조했다.[13] 이는 우리의 신앙생활에서 생각보다 심각한 문제일 수 있다.

우리는 홀로 기도할 때 하나님께 집중하지 않은 채 무작정 기도를 시작하기도 한다. 이럴 경우 자칫 잘못하면 혼자만의 독백(soliloquy)이 될 위험성이 크다. 기독교 전통에서 교부들과 신비주의자들이 이 문제를 수없이 강조하는 것으로 보아, 우리의 기도에서 우선 하나님을 바라보고 집중하는지 점검할 필요가 있다. 이 문제는 대표기도를 할 때 좀 더 심각해지는데, 대부분의 공중기도는 십자가나 제단이 아닌 회중을 바라보며 기도하기 때문이다. 그러다 보니 가끔은 하나님을 바라보는 것이 아니라, 회중의 반응과 아멘 소리에 신경 쓰는 경우가 생긴다. 이는 기도를 프레젠테이션으로 만들어 버린다.

둘째, 웨슬리는 순수한 의도(purity of intention)로 기도해야 한다고 가르쳤다. 사랑하는 사람을 만나 사랑을 속삭이려는 것에 그 어떤 불순한 의도가 있을 수 없는 것과 마찬가지이다. 사람들의 칭찬이나 세

---

13 위의 책, 195.

속적 축복에 대한 기대가 아닌 하나님을 사랑하는 마음 그 자체로 기도가 시작되어야 한다.[14]

셋째, 기도하는 목적이 분명해야 한다고 가르쳤다. 웨슬리는 저작 속에서 '거룩함'이 신앙의 뿌리이자 필수적인 것이라고 일일이 셀 수 없을 만큼 반복적으로 강조한다. 웨슬리는 거룩함이란 타고난 인간의 본성이 아니라 그리스도인의 본성으로 변화된 것이라고 말했다.[15] 한 인간으로서 거룩함을 추구하는 것을 웨슬리는 '내적 종교'라고 하고, 기도와 금식 수련으로 개인적 거룩함에 이르는 방법을 '경건의 행위(works of piety)'라고 말했다. 따라서 그 어떤 기도를 하더라도 최종적인 목적은 거룩함에 이르는 것이어야 한다고 가르쳤다.

사랑하는 사람들이 오래 함께 살면 식성, 취향, 기호, 외모까지 비슷해진다. 심지어 사람이 배우자를 정할 때, 자신과 유사한 사람을 선택한다는 학설도 있다. 웨슬리는 우리의 마음이 순수할 때, 그리고 거룩함이라는 목적에 오롯이 집중할 때, 우리는 기도를 통해 점차 하나님을 닮아갈 수 있다고 생각했다. 그러므로 불순한 의도가 있거나 기도의 목적이 왜곡되면 아무리 기도를 많이 하고 오래 해도 기도자는 하나님과 같이 될 수 없다.

넷째, 그러므로 기도는 개인적인 상태를 최대한 유지하기 위해 골방에 들어가서 해야 한다. 가능하면 하나님 외에는 그 누구도 보지

---

14 위의 책, 같은 곳.
15 위의 책, 191.

않을 환경을 만들고 기도해야 한다. 웨슬리가 아침이건, 한낮이건, 저녁이건, 골방이 있든지 없든지 상관없이, 하나님과 둘만의 골방을 만들라고 하는 이유는 명백하다.[16]

사랑하는 사람과는 단둘이 있고 싶은 법이다. 연인들은 항상 구석진 좌석을 원한다. 결국 연인들은 아무것도 걸치지 않아도 부끄럽지 않다. 기도는 하나님과 나의 영혼이 은밀히 만나는 공간이고, 나의 상처와 부끄러움과 아픔을 모두 다 드러낼 수 있는 시간이다. 하나님은 나를 지극히 사랑하시기에 나의 그런 모습까지도 받아들여 주신다. 그리고 어루만져 치유하신다. 그래서 기도는 치유이다. 치유받지 못하는 영혼은 기도하지 않거나, 잘못된 기도를 하고 있다고 볼 수 있다. 영혼의 골방은 사랑의 공간이다.

다섯째, 웨슬리는 기도할 때 중언부언하지 말라고 가르쳤다.[17] 우리의 기도 속에는 우리가 언어로 표현하지 않아도 우리의 간구와 원하는 것이 오롯이 다 담겨 있기에 무의미한 말들을 중언부언할 필요가 없다.[18]

우리는 기도를 말(언어)로만 한다. 묵도를 하더라도 한국어로 기도한다. 오히려 말로 청산유수처럼 기도하는 것을 훈련하고, 그렇게 하는 사람을 기도 잘하는 사람으로 여긴다. 아이들의 갓난 시절을 생각

---

16 위의 책, 196.
17 위의 책, 같은 곳.
18 위의 책, 198.

해 보자. 말은커녕 눈도 뜨지 못하는 아이를 바라만 봐도 행복했고, 작은 핏덩이와 교감했다. 진정 사랑하는 사람과는 말하지 않아도 느낀다. 그래서 거짓말도 금방 들통난다.

게다가 사랑하는 사람과는 큰 소리가 아닌 작은 소리로 속삭인다. 그런데 우리는 그렇게 사랑한다는 하나님께 매일 중얼중얼 말을 하면서 가끔 큰 소리까지 친다. 물론 대표기도나 목회기도 등의 기도를 인도하기 위해서는 말을, 그것도 크게 해야 한다. 다만 나 홀로 하나님을 만나는 순간은 굳이 말(verbal prayer)을 하지 않아도 되고, 이러한 기도가 우리 신앙의 기초가 되어야 한다는 것이 웨슬리의 가르침이다.

마지막으로 웨슬리는 기도 시간을 계산하는 일을 공로(work)에 얽매이는 일이라고 비판했다. 젊은 시절, 내가 받은 명함 뒤에 '40일 금식기도 *회 실시'라는 스펙이 적혀 있었던 기억이 난다. 그 시절은 그랬다. 40일 금식은 물론 기도도 대단히 훌륭한 일인 것은 분명하다. 다만 기도는 공로가 아니다. 자신의 놀라운 의지력과 투지를 하나님께 보여주고 검증받는 일이 기도가 아니다.

수십 년 새벽 제단을 쌓았다고 은근히 자랑할지라도, 기도자의 사랑의 깊이가 깊어지지 않고 인격이 거룩해지지 않았다면, 수십 년 동안 건강을 위해 아침 운동을 하는 것보다 못할 수도 있다. 교만이라는 죄에 빠지기 쉽기 때문이다. 그래서 웨슬리는 하나님께서 기도의 길이를 재 보신다는 착각은 이교도가 신봉하는 어리석은 미신이라고

까지 비난했다.[19]

그렇다고 해서 웨슬리가 짧게 기도했거나, 설교자들이나 신도회원들에게 기도 시간을 강조하지 않은 것은 아니다. 다만 그는 기도의 본질이 왜곡되는 것을 경고한 것이다.

홀로 있는 골방에서 기도하는 습관

이제 주의사항을 염두에 두면서 웨슬리가 가르쳐 준 기도를 실천해 보자.

우선 웨슬리의 가르침대로 나 홀로 있을 수 있는 조용한 장소와 시간을 만든다. 일단 이 부분부터 쉽지 않다. 우리는 대부분 와자지껄한 도시에 살고 있어 자기만의 조용한 공간을 갖기 어렵다. 만약 자기만의 공간을 갖고 있어도 그 공간은 철저히 노동 후 휴식을 위한 공간이다. 게다가 현대 사회는 바빠도 너무 바쁘다. 그런데 이상하게도 웨슬리는 지금보다 공간이나 시간적으로 더 열악했던 시절에 자기만의 공간과 시간, 즉 골방을 강권했다.

교회의 역사에서 웨슬리가 언급하는 골방은 '광야', '사막', '황무지', '궁방(cell)' 등으로 묘사되었다. 주께서도 공생활을 시작하기 전, 광야에서 기도하시며 고난을 받으셨다. 현대 사회에서 골방이나 사막은 찾을 수 없다. 그러나 홀로의 시간에 익숙해지면 복잡한

---

19 위의 책, 197.

도시 한가운데서도 자신의 영혼 속에 '광야'와 '사막'이 생길 수 있다.[20] 그때까지 물리적으로 홀로 있는 골방에서 기도하는 습관을 만들어 본다.

잠시 눈을 감고 하나님에게 집중한다. 마음이 흩어져 잡념이 들 때마다 고개를 살짝 흔들어 잡념을 덜어내고, 계속 마음속으로 하나님을 부르며 그분께 집중한다.

하나님께 어느 정도 집중하면, 묵상을 시작한다. 웨슬리는 '묵상은 영과 진리로 하나님을 예배하는 방법'이라 정의했다.[21] 묵상의 자료는 개인의 성향에 맞추어 선택하는 것이 좋다. 그리고 간구한다. "구하라 그리하면 너희에게 주실 것이요 찾으라 그리하면 찾아낼 것이요…(마 7:7)"라고 하셨으니, 거룩함을 구한다. 우리가 구하지 않았기에 하나님은 거룩함을 주시지 않았고, 우리가 가지지 못한 것이다.[22] 사랑은 우리의 기도를 더 깊게 하고, 하나님께서 중히 여기시는 조건이므로 마지막은 중보기도로 마친다.[23]

잠시 존 웨슬리의 영성 지도에 따라 기도를 해봤다. 기도는 하나님과, 더 나아가서 모든 피조물과 연결, 공감, 교감, 공명, 감응, 교류하는 것이다. 기도는 치유하는 힘이다. 기도는 하나님과 나를 연결하는 것이자 사랑의 기술이다. 하나님과 연결되면 따뜻한 위로, 세심한 치

20　참고할 책: 까를로 까레또, 『도시의 광야』, 김윤주 역 (분도출판사, 1999).
21　존 웨슬리, 『웨슬리가 전한 산상수훈』, 139.
22　위의 책, 343.
23　위의 책, 345.

유, 놀라운 능력, 세상과 악을 이길 힘이 그분에게서 우리 영혼으로 흘러들어온다.

하나님과 연결되어 그분이 출렁이면 나도 출렁이고, 그분이 터치하시면 나는 간지럽고, 그분이 숨 쉬시면 그 숨결이 내게 따스함을 주는 절대적 현존과의 밀착 동행, 연결된 그 통로로 끊임없는 사랑을 흘려주셔서 나의 상처들이 아물고 치유되고 새로워지는 역사, 그리고 그분의 힘과 그분에 대한 전적인 신뢰로 이 땅에서 미움받으면서도 싸워 이겨 그분의 통치를 확장시키는 제자도, 그것이 기도하는 이유가 아닐까?

나는 늘 '엘리야가 호렙산에서 그랬듯이 그분의 애무를 느끼고 있는가?'[24]라고 자문한다. 그래서 내게 기도는 여전히 도달하지 못한 숙제이다.

---

24 까를로 까레또, 『오시는 주님』, 성찬성 역 (성바오로, 1989), 16.

웨슬리 따라
말씀 읽기

출장과 여행의 차이

출장과 여행은 외견상 많은 유사점을 가진 것처럼 보이지만 구조적으로 완벽한 이종의 인간 행위이다.

가령 서울에서 부산으로 출장을 간다고 생각해 보자. 이 이동에는 명백하고 구체적인 목적이 있다. 그리고 그 목적은 빠르고 값싸게 달성할수록 효율적이다.

따라서 출장을 가는 사람은 가장 빠른 교통수단을 저렴하게 구하려 한다. 가는 중에 업무까지 볼 수 있으면 엄청나게 시간을 절약할 수 있다. 차창 밖 풍경이나 옆 좌석의 동행은 무의미하다. 종국적으로 소기의 목적을 달성하지 못하면 그 출장은 실패이자 숙제로 남겨진다.

이번에는 서울에서 부산으로 떠나는 여행을 상상해 본다. 꽤 오래전 한 음유시인은 이렇게 노래했다.

"아! 가겠소, 난 가겠소.
저 언덕 위로 넘어가겠소.
여행 도중에 처녀 만나본
다면, 난 살겠소, 같이 살
겠소. 물 좀 주소."

(한대수, 「물 좀 주소」)

 서울에서 부산으로 가는데 굳이 KTX를 타고 빨리 가야 할 이유는 전혀 없다. 버스를 갈아타고 쉬엄쉬엄 가다가 마음에 드는 곳이 있으면 며칠 묵기도 하고, 또 마음에 꼭 맞는 친구를 만나면 동행하며 함께 지내보기도 할 것이다. 아예 시인처럼 연분을 만나 함께 살아볼지도 모른다. 14세기 사람 이븐 바투타(Ibn Batutah)는 21세에 집을 떠나 무려 30년 넘게 여행하면서 결혼도 하고, 자녀도 낳고, 타국에서 10년 동안이나 관료로 일하기도 했다니 참 부럽기만 하다.[25]

 여행 자체로는 특별한 목적이 없을 수도 있다. 구경, 휴식, 아니면 그냥 바람 쐬기 같은 불투명하고 애매한 목적일 수 있다. 그래서 지나치는 풍경, 만나는 사람들, 해괴한 경험 그 자체가 모두 여행의 의

---

25 이븐 바투타, 『이븐 바투타 여행기 1·2』, 정수일 역주(창비, 2001).

미가 되고 결실이 된다. 지금 우리는 여행도 출장처럼 다녀와야 하는 안타까운 현실에 살고 있다. 그래서 여행은 출장이나 숙제와 같고, 여행을 다녀오면 오히려 더 피곤하다. 그런데 사람들이 책을 읽고 사용하는 방식도 출장식 독서와 여행식 독서로 나뉜다.

출장식 독서와 여행식 독서

토마스 아 켐피스는 출장식 독서를 '호기심을 채우는 독서'라고 칭했다.[26] 이 독서는 과학적이고 논리적이며 이성적인 독서법이다. 우리는 책 내용에 대한 궁금증을 채우기 위해 책을 들춘다. 궁금증이 생기지 않더라도 필요에 의해 책의 정보를 꺼낸다. 교과서, 참고서, 역사책, 철학책, 교양서적 등 대부분의 책이 이런 유형에 속한다. 출장식 독서는 분명한 목표가 있다. 책에서 필요한 정보와 지식을 얻고, 그것을 활용하는 것이 그 목적이다.

그러므로 가장 빠른 시간에 핵심만을 읽어내는 효율성이 필요하다. 일 년 성서 통독반, 교과서를 축약한 참고서, 또 그것을 축약하여 핵심 요약본을 만드는 이유가 그것이다. 그래서인지 요즘에는 유튜브(YouTube)가 책의 역할을 한다. 정보 취득의 효율성 면에서 독서보다 월등히 빠르고 재미있기 때문이다. 책이 팔릴 수 없는 문화 구조

---

[26] 토마스 아 켐피스, 『그리스도를 본받아』, 박문재 역 (CH북스, 2016), 40.

가 된 것이다. 문제는 출장식 독서로 신앙생활을 할 때 명확한 한계가 생긴다는 사실이다. 안타깝게도 많은 그리스도인이 출장식 독서법으로 성서를 읽는다.

신앙생활을 위한 책 대부분은 성경 통독 세미나, 인명-지명 괄호 채우기가 포함된 QT 교재, 낱말-설명 짝 맞추기 형식의 성경 공부, 요절 외우기 등 성서 내용을 숙지하고 익히도록 구성되어 있다. 특정 신학(대부분 바울 신학)을 이해시키기 위해 관련 주제나 교리에 맞춰 이곳저곳에서 추출한 성경 구절을 읽고 괄호를 채우는 형식의 교재도 많이 보인다.

성경공부 교재는 그렇다 치지만, 이런 방식으로 구성된 QT 교재를 보면 걱정이 앞선다. 이러한 방식의 출장식 성경 읽기는 머리로만 이해하는 신앙에 중독되게 한다. 여행은 하지 않고, 여행할 곳의 지도를 외우는 것과 같은 이치이다. 우리가 아무리 여행할 도시의 지도를 외워봤자 여행의 기쁨과 즐거움을 얻을 수 없는 것과 같다.

이와 대비되는 성서 독서법은 흔히 성서 묵상 혹은 영적 독서라고 부른다. 일반 독서의 예를 들자면 시집이나 화집을 감상하는 것과 유사하다. 이 독서법은 성서의 내용을 숙지할 목적보다, 성서의 말씀에 자신의 영혼이 반응하고 작동하기를 추구한다. 그래서 성서를 일 년 만에 다 읽어야 할 긴박함도, 성서 내용을 반드시 숙지해야 할 의무감도 없다. 한 구절에 영혼이 집중되면 그 구절이나 이야기에 몰입해서 받을 수 있을 만큼 충분한 은혜를 경험하는 것이 이 독서법의 방식이다. 그래서 여행하는 것이나 시집을 감상하는 것과 유사하다.

웨슬리처럼 성경 활용하기

존 웨슬리는 1746년 스스로 한 책의 사람(*homo unius libiri*)임을 공포했다. 또한 1766년 발표한 '완전을 위한 평이한 해설' 외에도 이루 헤아릴 수 없을 만큼 많은 글과 설교에서 성서의 중요성을 강조했다. 그의 모든 신학의 중심에는 성서가 있었고, 그에게 모든 진리의 유일하고 완전한 기준은 성서였다. 그리고 1729년부터 본격적으로 합류한 홀리클럽 시절부터는 단 하루도 빠지지 않고 기상하자마자 성서를 묵상했다.

그런데 이상한 것이 있다. 웨슬리언이나 감리교인 뿐만 아니라 독실한 그리스도인이라면 존 웨슬리가 성서를 얼마나 중시했는지 알 텐데, 그가 어떤 방식으로 성서를 읽고 활용했는지 알려주는 사람은 없다. 과연 성경쟁이였던 웨슬리는 성서를 어떻게 읽었을까?

분명한 것은 웨슬리도 우리처럼 머리로 성서를 읽었다는 점이다. 그의 설교 17번을 무작위로 선정해 읽어보면 그가 사본 정보에 정통했음을 쉽게 알 수 있다. 그는 용어가 생략되거나 삽입된 사본들(a^2, D, L, W)을 지적한다거나, 심지어 흠정역(KJV)의 번역 오류를 지적하기도 했다.[27]

이를 보면 웨슬리가 당시 계몽주의와 학문 발전의 결실인 성서비평학을 자신이 가진 전통적 신앙 안으로 고스란히 녹여 내었음을 알

---

[27] 존 웨슬리, 『웨슬리가 전한 산상수훈』, 53.

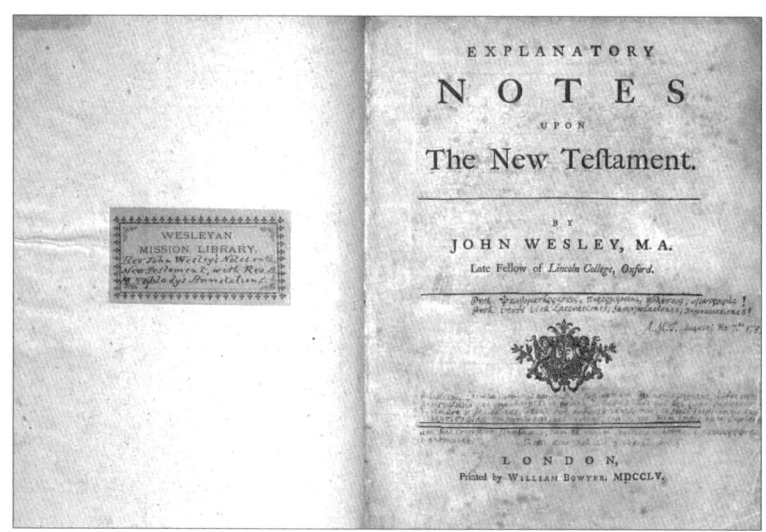

웨슬리의 신약성서주해

수 있다. 따라서 가끔 성서비평이나 해석학을 거부하는 사람들이 있는데, 이러한 반지성적 태도는 웨슬리와 웨슬리 신학을 황폐하게 만드는 반웨슬리언적 태도이다. 그럼에도 불구하고 웨슬리는 성서를 머리로만 읽지 않았다. 목회와 설교를 위해서 그는 성서를 과학적으로 이해했지만, 자신의 영적 삶을 위해서는 성서 속을 여행하고 말씀을 체화했다.

웨슬리의 설교는 "겨울이 지나고 노래하는 때가 올 때, 산비둘기의 소리가 땅에 울려 퍼질 때(아 2:11), 애통하는 자를 위로하시는 그분께서 그들과 영원히 함께하시려고(요 14:16) 이제 돌아올 때"라는 두 성경 구절로 시작된다.[28] 웨슬리 자신의 말은 이 구(句)들을 이어 붙이는 용도로만 사용한다. 이는 웨슬리가 수많은 성서의 주요 부분들을 전부 입 속에 넣고 있다는 것을 확연히 보여준다.

아우틀러(Albert C. Outler)는 이를 두고 "웨슬리는 성서를 거의 암기하고 있어서, 자기 말과 성경 말씀이 능숙하게 섞여 있어 (구분되지 않고) 부드럽게 읽혔다."고 증언했다.[29] 다시 말하면 웨슬리는 첨단 비평학을 성서에 적극적으로 적용하면서 동시에 전통적인 중세적 성서 읽기를 활용한 것이다.

흔히들 이런 성서 활용법을 영적 독서라고 한다. 이 독서법은 성서의 내용을 숙지할 목적보다 말씀에 자신의 영혼이 반응하는 것을 추

---

28 앞의 책, 49.
29 알버트 아우틀러, 『웨슬리 설교 해설』, 조종남 역 (대한기독교서회, 2006), 125.

구한다. 그래서 한 구절에 영혼이 작동하면 그 구절이나 이야기에 몰입해서 충분한 은혜를 취하는 것이 이 독서법의 방식이다. 과학적 성서 독서가 눈과 머리로 하는 것이라면 영적 독서는 입과 영혼으로 하는 것이다. 영혼에 못 박힌 구절은 예수기도처럼 하루건 이틀이건 중얼거리며 마음 깊이 즐기게 된다. 웨슬리 역시 이렇게 은혜받은 말씀들이 그 입에 붙어버린 것이다.

과학적 성서 읽기로는 믿음과 영혼의 능력이 성장하기 어렵다. 출장으로 생기와 휴식을 얻고 치유받기 어려운 것과 같다. 영적 독서는 믿음과 힘을 성장시키고 내면을 치유한다. 출장식 혹은 학습식 성경 읽기에 익숙한 우리는 여행식 성서 읽기에 더 노력을 집중해야 한다. 우리도 웨슬리처럼 성서 읽기의 균형을 이루어야 하기 때문이다.

성서는 우리에게 없어서는 안 될 진리이며 능력이고, 치유이자 힘의 보고임을 웨슬리를 보며 깨닫는다. 교회뿐 아니라 길가의 많은 사람이 말씀을 웅얼거리는 날을 기다려 본다.

웨슬리 따라
금식하기

정각 12시

    식당 안은 컵라면 냄새로 그윽했다. 이미 다들 뜨거운 물을 부었고 젓가락을 손에 든 채 벽에 걸린 시계를 응시하고 있었다. 오래된 괘종시계가 밤 12시 종을 친 바로 그 순간, 아이들은 뜨거운 컵라면을 허겁지겁 먹기 시작했다.

    오래전 미국의 한인교회에서 청소년들을 지도할 때의 일이다. 한여름, 중고등부 학생들을 데리고 수련원에 갔다. 그해에는 특별히 금식 훈련을 할 요량으로 아이들에게 금식에 대해 열심히 가르쳤다. 그리고 나와 함께 금식을 체험할 자원자를 모집했는데, 놀랍게도 자원자 대부분이 미국에서 태어나고 자란 아이들이었다. 그래서 아이들과 하루 금식을 했는데 아뿔싸, 나의 영성 지도가 너무 허술해서였을까? '하루' 금식을 완수하기 위해 아이들은 1인당 컵라면 2~3개에 더운물을 부어 놓고 시계가 뚫어지도록 쳐다보며 자정이 되기를 기다렸다. 이 광경은 십여 년 후 학부 학생들의 MT에서도 재현됐다.

요즈음에는 어디로 눈을 돌려도 음식 관련 콘텐츠를 볼 수 있다. 영상 매체, 소셜 네트워크 서비스(Social Network Service), 개인 블로그 등에도 음식 관련 콘텐츠가 홍수처럼 넘쳐난다. 사람들은 단지 유명한 맛집의 음식을 경험하고자 엄청난 거리와 많은 시간이 소모되는 여행을 자처한다. 나 역시 그러하다. 음식은 단순히 배를 채우고 생명을 유지하기 위한 도구가 아니라 개인의 취향과 욕구를 충족시키기 위한 미학적 대상이 되었다. 이제 더 이상 절식과 금식을 논할 공간이 없는 것은 아닌지 자문하게 된다. 다행인지 안타까운 것인지 모르겠으나 존 웨슬리의 금식은 평생 지속되었다.

기독교 전통인 금식

적어도 원칙상, 금식은 기독교의 전통이자 수도원의 일상이다. 베네딕트 수도 규칙을 보면 수도사들은 부활절에서 강림절까지는 대개 2끼, 사순절 기간엔 1끼를 먹었다. 보통 제9시(오후 3~4시) 경 마지막 음식을 먹었고, 사순절 기간에는 수요일과 금요일 제9시까지 금식을 했다. 주식인 빵에 채소, 콩, 과일, 달걀, 우유 등을 곁들였고 붉은 고기는 금지되었다. 하루 동안 먹는 양은 빵 한 리브라, 포도주의 한 헤미나 정도였다고 하는데 이를 현재의 도량형으로 표현하면 빵과 포도주 각 300~350g 혹 밀리리터(ml)에 해당한다.[30] 현재 우리의 관점에서는 많지 않은 양으로 보이지만 꼭 그렇지만도 않았다.

---

[30] 베네딕도, 『베네딕도 수도 규칙』, 제40장, 이형우 역 (분도출판사, 1991), 167.

사실 수도원의 식사 및 금식 규칙은 철저하게 지켜지지 않았다. 붉은 고기를 먹지 못하는 대신 잉어를 열심히 먹으며 단백질을 보충했다. 허기와 음주 욕구를 참지 못하는 수도사들을 위한 예외 규정이 많았고, 심지어 아우구스티누스 회칙의 경우 귀족 출신 수도사는 평민 출신 수도사보다 훨씬 많은 음식을 제공받는 것을 원칙으로 삼았다.[31] 또한 9세기 르망(Le Mans) 시 공문서에 의하면 성직자와 수도사에게는 이틀에 한 번 고기 한 근 정도, 빵 1.5kg, 포도주 3.5ℓ 가량이 지급되었다. 독신 제도가 지켜지지 않았기 때문이기도 할 테지만 그렇다 하더라도 적기는커녕 매우 많은 양이다.

귀족들은 성직자들보다 더 폭식했다. 이들의 식사는 현재로선 상상하지 못할 정도로 거대했다. 15세기 오베르뉴(Auvergne)의 한 백작

1510년 프랑스 귀족의 식사

---

31 아돌라르 줌켈러, 『아우구스티누스 규칙서』, 규칙서 Ⅲ-1〜5, 이형우 역 (분도출판사, 2006), 92〜93.

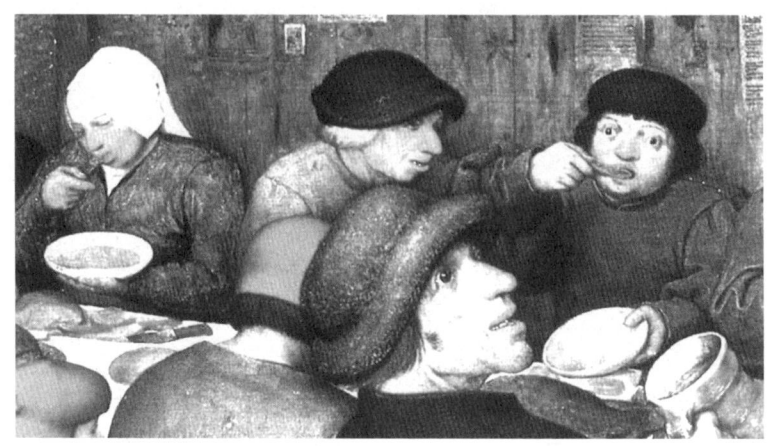

가(家)에서는 1인당 하루 평균 고기 한 근에 포도주 2ℓ를 먹었다. 이러한 대식 문화는 당시 예술작품에서 귀족과 성직자가 대개 비만한 모습으로 출현하는 이유이며, 탐식이 대죄의 하나가 된 이유이다.[32]

귀족이나 성직자들의 음식문화는 기록으로 쉽게 알 수 있는 반면 평민들에 대한 기록은 쉽게 찾을 수 없다.

중세-근대 초기 평민들의 먹거리는 지금으로 따지면 거의 금식에 가까웠다. 이들 역시 하루에 한두 끼를 먹었는데 고기 대신 성에서 버려지는 내장을 먹었고, 포도주는 에일(ale)로, 유제품은 각종 알(卵)로 대신했다. 야생동물 사냥은 귀족 영토 내의 소유물을 훔치는 것으로 여겨져 금지되었다. 귀족들에게 야생동물은 사냥과 특식을 위해

---

32 장 베르동, 『중세는 살아있다』, 최애리 역 (길, 2008), 46.

꼭 필요한 귀한 존재였다.

옆의 함께 식사하는 그림은 네덜란드 화가 피터르 브뤼헐(Pieter Brueghel de Oude)의 〈농가의 결혼식(1568)〉인데, 이들이 먹는 음식은 수프나 오트밀에 딱딱한 빵을 칼로 잘라 찍어 먹는 것이 전부이다. 그리고 산 열매로 담근 에일이 값비싼 포도주 대신 제공되었다. 현재 우리에게는 최고의 건강식품들이지만 잔치 음식이 이 정도면 중세-근대시대 유럽인들의 식사가 얼마나 형편없었는지 분명히 알 수 있다. 그러니 평민들에게 종교적 금식은 아무런 의미 없는 배부른 용어였다. 의도적 금식이 평신도들에게 영적 훈련으로 대중화되기 시작한 것은 종교개혁의 공헌이었다.

이런 면에서 나는 종교개혁을 성령과 성스러움의 민주화 과정이라고 규정한다.

웨슬리의 철저함, 습관이 영성이다

잉글랜드의 비국교도들은 금식의 영적 의미를 매우 강조했다. 이들 중 청교도들은 특히 주일 금식이나 소식을 권장했다. 청교도 가문 출신인 웨슬리의 어머니 수산나는 하루 세끼의 규칙적인 식사를 강조하였고, 간식을 일절 먹지 않도록 훈육했지만 웨슬리가 성장기 금식훈련을 받았는지는 확실치 않다. 다만 그가 옥스퍼드에서 만난 친구에게 금식훈련을 배워 실천했던 것은 분명하다.

웨슬리는 1732년 옥스퍼드에서 존 클레이턴(John Clayton)을 만났는데, 클레이턴은 이미 옥스퍼드 브레이스노즈(Brasenose)대학에서 자신의 신도회를 이끌고 있었다. 맨체스터 출신인 그는 선서 거부 성직자(non-jurors)들의 매우 엄격한 초대교회 영성을 웨슬리에게 소개했다.[33]

클레이턴을 만난 후 홀리클럽의 조직과 규칙은 큰 변화를 겪었다. 클레이턴의 권유로 홀리클럽은 정기적인 금식 규칙을 새로 마련했는데, 이들은 전통적인 수도 규칙에 따라 매주 수요일과 금요일 오후 3시까지 금식했다.

위에 언급했지만 금식에 대한 규칙이 느슨해진 시대에 일반인들이 베네딕트 수도 규칙을 문자 그대로 지키는 것은 다소 힘든 일이었다. 그러나 곧 정기적인 금식에 익숙해진 웨슬리는 평생, 이 규칙을 금과 옥조처럼 지켰다.

웨슬리는 본인뿐 아니라 설교자들에게도 금식을 강조했다. 1748년 금식에 대한 영성 지도가 필요하다고 느낀 웨슬리는 산상설교를 통해 금식의 본성, 목적, 은총에 대하여 상세히 설명했다. 그리고 1752년 첫 아일랜드 연회에서 설교자의 '금식에 관한 설교 의무'와 '설교

---

33 1688년, 의회의 주도하에 제임스 1세의 사위인 네덜란드의 오란예 공작(후에 윌리엄 3세)을 잉글랜드 왕으로 옹립했다. 피를 흘리지 않고 권력 교체가 이루어졌다 하여 이 사건을 명예혁명이라 부른다. 혁명 이후 오란예 공(국왕)에 대한 충성 맹세를 거부하던 잉글랜드와 스코틀랜드의 성직자, 신자들을 '선서 거부 성직자(non-jurors)'라 부른다. 청교도적 철저성을 강조한 신앙을 가졌던 이들은 대부분 윌리엄 및 메리 왕조의 반대파들이었고, 곧 교회와 정부에게서 지위와 권리를 상실했다.

자 자신의 매주 금요일 금식'을 공식화했고, 1758년 8월 브리스틀 연회에서 이를 재확인하였다.[34] 즉 금식을 설교자들이 가져야 할 자격 조건으로 삼은 것이다.

산상설교(표준 22번)에 나타난 웨슬리의 금식에 관한 가르침은 그야말로 기독교 전통의 핵심이자 모범이라 할 수 있다. 웨슬리의 가르침은 후대에 발전한 영성 신학(spiritual theology) 교과서에 고스란히 반영되었다. 그의 가르침 중 금식의 은총에 대해 간단히 살펴보자.

첫째, 금식은 보이지 않던 것들을 드러나게 한다. 내가 의식하지 못하던 것들, 나를 억압하는 것들, 문득문득 떠올라 나를 괴롭히는 기억, 숨기고 싶은 슬픔, 내 자유를 빼앗고 나를 사로잡는 것들, 나의 부끄러운 민낯과 추한 과거, 평소 아무렇지 않게 즐기던 가증스러운 욕망의 배설들이 금식을 통해 고스란히 고개를 든다. 그리고 내가 원하는 것들이 얼마나 허무하고 무가치한 욕심이었는지 드러난다. 웨슬리는 자기 내면을 인지하지 못하는 상태를 '영혼의 술 취함'이라고 했다.[35] 금식을 통해 그러한 상태를 인지하는 순간 우리는 무절제한 욕망의 위협에 재갈을 물리며 절제하게 된다.

둘째, 무가치하고 우울하고 더러운 것들을 인지하면 정작 우리 영혼에 진짜 중요하고 긴급한 것이 무엇인지 알게 된다. 죄의 심각성,

---

34 1744년 첫 연회부터의 속기록(마이뉴트)을 http://www.methodistheritage.org.uk 에서 무료 제공하고 있다.
35 존 웨슬리, 『웨슬리가 전한 산상수훈』, 235.

죄의 값으로 주어지는 형벌, 하나님에게서 영원히 격리되는 고통, 구원과 영광을 향한 절체절명의 불안이 우리를 엄습한다. 금식은 이러한 일에서 우리의 영혼을 떨어뜨려 정말 중요한 일에 집중하게 만든다. 반대로 몰두하는 영혼은 자연스럽게 금식을 하게 된다. 바로 이것이 웨슬리가 "어떠한 일에 깊이 몰두하는 사람들은 종종 어떤 방해거리를 참을 수 없게 되며 필요한 음식마저도 혐오하게 된다."라고 이야기한 이유이다.[36]

마지막으로 금식이 주는 열매 중 가장 중요한 것은 내적인 기쁨과 영혼의 따뜻함을 체험하는 것이다. 물론 금식은 영혼의 무료함과 고통을 동반한다. 그러나 금식을 하면 영혼은 무가치한 것들에서 벗어나 하나님께 집중한다. 이때 비어버린 영혼에 하나님이 채워지며 순간적인 은총이 다가온다. 아픔과 상처는 서서히 아물고, 어두운 좌절은 희망의 빛으로 바뀐다. 기쁨과 고통, 희망과 좌절, 영과 육신이 교차하면서 우리는 서서히 깊은 기도로 빠져든다.

웨슬리가 금식을 '하나님을 사랑하고 모든 거룩하고 신령한 감정을 확증하고 키우는 수단'이라고 한 이유가 바로 이러한 금식의 열매 때문이다.[37]

웨슬리가 우리에게 권고하는 금식의 열매는 매우 다양하고 구체적이다. 일반적으로 금식은 정화에 효과적이며 기도에 추진력을 공급

---

36 위의 책, 234.
37 위의 책, 237.

한다. 또한 회개하려 할 때, 능력과 은사를 받기 원할 때, 유혹을 이겨내려 할 때, 오직 하나님만을 의지하려 할 때 금식은 반드시 필요하다.

노파심으로 한마디 덧붙이면, 금식을 단지 식사를 중지하는 단식과 동일시해서는 안 된다. 바쁜 출근 시간에 아침을 거르는 것이나 다이어트를 위해 식사하지 않는 것을 금식이라고 하지 않는다. 금식 훈련은 음식을 끊는 것과 깊은 기도, 하나님을 향한 몰입이 병행되어야 한다. 온전히 내면을 청소하여 자기 비움과 포기가 동반될 때 금식의 목적과 열매를 얻을 수 있다. 그런 의미에서 현재 우리에겐 육체적 금식과 더불어 디지털 금식이 반드시 필요하다.

최근 나는 개인적으로 디지털 금식의 필요성, 아니 디지털 중독의 위험성을 심하게 경험했다. '설마 나 같은 늙은이가?'라는 안일한 생각을 접고 내 상태를 자세히 분석한 결과, 나 역시 디지털 중독증임을 시인할 수밖에 없었다. 무엇보다도 독서, 글쓰기, 성찰, 기도에 심각한 타격을 입으니 말이다.

그러니 디지털 금식은 육체적 금식을 위해서나 중독 치료를 위해서나 제일 시급히 요구되는 훈련이다. '내가 알아서 조절하면 되지.'라는 안일함으로 이제까지 고생하며 쌓아 온 영성생활을 근본부터 훼손하지 않도록 주의해야 한다. 경고! Warning!

웨슬리 따라
일기 쓰기

일기를 씁시다, 끝!

대대로 장로교인인 나는 드라마 같은 사연으로 장로교 중학교에 진학했다. 주변 사람들이 절대 믿지 않는 나의 역사가 하나 있는데, 그것은 내가 한때 축구선수였고 유도와 태권도를 수련했다는 사실이다. 나는 축구 특기생으로 장로교 중학교에 진학했다. 내가 나온 초등학교에서 장로교 학교로 진학한 학생은 나 혼자뿐이었다. 그래서 나는 한동안 장로교인인 내가 극적으로 장로교 학교에 진학한 것이 나를 위한 하나님의 특별하고 엄청난 섭리라고 믿고 살았다.

그런데 고등학교에 진학할 땐 하나님의 뜻이 영 엉뚱했다. 배정받은 학교는 이단(?)인 가톨릭 학교였다. 잠시 혼란스러웠지만 나는 곧 하나님께서 다양한 경험을 하도록 준비하셨다고 해석했다. 선생님은 목사님과 장로님에서 신부님과 수녀님으로 바뀌었다. 지금도 건강하신 배페트라 수녀님은 나를 늘 '이 목사'라고 부르셨다. 사제였던 교장 선생님은 큰 덩치, 잘생긴 얼굴, 성우 같은 목소리, 화끈한 성품,

친구처럼 다가오는 친절함으로 학생들의 인기를 독차지했다. 교장 선생님을 만나면 피해 다니던 다른 학교와 달리, 우리는 교장 신부님을 보면 뛰어가 인사하고 주변에 모여앉아 수다를 떨었다. 특히 교장 신부님은 애국 조회 때문에 더 큰 인기를 얻었다.

학도호국단 시절, 일본식 애국 조회는 교장 선생님의 길고 지루한 훈화로 악명이 높았다. 한여름에 학생들이 일사병으로 쓰러져도 늙은이의 훈화는 아랑곳하지 않고 이어졌다.

그런데 교장 신부님의 훈화는 3분을 넘기는 적이 별로 없었다. 단상에 올라온 교장 신부님이 첫마디를 하는 순간 학생들은 힐끔힐끔 시계를 들여다봤다. 그리고 매주 훈화가 신기록을 경신하기를 고대하며 시간을 쟀다. 그러던 어느 날, 여느 때와 같이 교장 신부님이 단상에 올라 훈화를 시작했다.

"일기를 씁시다. 일기는 우리의 몸과 마음을 되돌아볼 수 있는 좋은 습관입니다. 그러니 우리 모두 일기를 씁시다. 끝!"

교장 신부님께서 저 말씀을 하고 단상을 내려가자 2천 명에 가까운 학생과 교직원들 사이에 잠시 적막이 스쳐 갔다. 갑자기 누군가 손뼉을 치기 시작하자 전교생이 "와~" 하는 함성과 함께 3·3·7 박수를 치며 교장 신부님의 성함을 연호했다. 애국 조회는 순간 축제처럼 변했다. 15초도 채 안 되는, 절대 깨질 수 없는 신기록이 수립되는 순간이었다.

그런데 그때 나는 옆의 친구들처럼 환호하며 손뼉을 치지 못했다. '교장 선생님이 목사였으면 이 귀한 시간에 감명 깊은 예화를 곁들여

나의 일기장들

말씀을 전했을 텐데, 신부인 저분은 복음은커녕 성경과 아무 상관 없는 일기를 쓰라고 달랑 한마디를 하신 건가? 저분도 그리스도인이고 우리처럼 매일 기도하는 분인데, 왜 일기를 쓰라고 했을까? 가톨릭에선 일기가 그렇게 중요한 것인가?'라는 깊은 궁금증이 내 머리를 강타했기 때문이다.

　40년이 넘게 지난 지금, 듣는 순간에는 울며불며 감동했음에도 기억나는 설교가 거의 없다. 그러나 교장 신부님의 저 한마디 말씀은 내 뇌리를 떠난 적이 없다. 서른이 훌쩍 넘어 미국에서 시작한 목회 공부 첫해, 웨슬리의 영성을 형성한다는 필수과목에서 나는 한 학기 동안 60일 치 일기 제출을 요구받았다. 그것도 영어로 말이다.

평생 일기를 쓰기로 결심한 웨슬리

웨슬리 회심을 기념하는 날은 1738년 5월 24일 올더스게이트 체험일이다. 올더스게이트 체험을 회심의 순간으로 간주하기 때문이다. 그런데 최근에는 웨슬리의 회심을 보는 다양한 시각들이 적극적으로 소개되고 있다.

모든 내용을 다 검토한 것은 아니지만 올더스게이트 체험 이후, 웨슬리는 이에 대해 거의 언급하지 않았다. 또한 이 체험에 대한 언급보다 본인 생일에 대한 언급이 더 많다거나, 체험 후에도 끊임없이 죄책의 불안과 확신의 균열을 겪는다는 점을 통해 나는 올더스게이트 체험을 회심의 순간으로 보는 것에 회의적이다.

그런데 최근 올더스게이트 체험을 회의적으로 바라보는 시각과 함께 웨슬리 회심을 새롭게 보는 시각들이 소개되고 있다. 웨슬리의 회심에 대한 다양한 시각 중에서도 특히 서품을 준비하던 1725년 일련의 독서를 통한 웨슬리의 영적 움직임을 회심의 계기로 보는 시각이 주목받는다. 그렇다면 1725년 웨슬리의 행적을 복기해볼 필요가 있다.

1725년 준회원(deacon)을 준비하던 웨슬리는 책을 통해 영적 스승들을 만났고, 그의 삶은 큰 변화를 겪는다. 제러미 테일러의 『거룩한 삶과 죽음을 위한 규칙』을 읽은 웨슬리는 '그리스도인의 완전에 대한 평이한 해설(1766)'에서 1725년 3월 제러미 테일러의 책을 읽고 "곧 나는 나의 생 전체를, 곧 나의 생각, 말, 행위 일체를 하나님께 바치기로 결심하였다."라고 명확히 밝혔다. 계속해서 1726년 토마스 아 켐 피스의 『그리스도를 본받아』를 읽은 후에는 내적 종교, 마음의 종교 의 본질을 깨달았고 그래서 몸과 삶뿐 아니라 "마음 전부를 드리지 않을 수 없다."라고 결단했다.

삶의 관성에서 벗어나 전격적으로 방향을 전환하는 특이점 (singularity)을 '회심의 순간'이라 부른다는 관점에서 1725년 회심설이 무게를 얻었다. 그는 제러미 테일러의 저작을 통해 헌신을 결단했고 곧 자신만의 생활 규칙을 작성했다. 제러미 테일러 저작은 시간을 보내는 방법에 대한 규칙 23개, 의도를 바로잡는 방법에 대한 규칙 10개, 의도의 순수성을 유지하는 방법에 대한 8개의 규칙을 제시했다. 웨슬리는 이 가운데 시간을 올바르게 사용하는 방법을 채택했고 즉각 일기를 쓰기 시작했다.

다시 말하면 하나님께 모든 것을 바치기로 한 웨슬리가 곧바로 시작한 일은 첫째, 시간 사용을 위한 자신만의 생활 규칙을 만들고 둘째, 일기 쓰기를 결심한 것이다. 그리고 무려 60년 넘게 생활 규칙을 지켰고, 계속해서 일기를 썼다. 60년 넘게 지속된 그의 일기 쓰기는 영적 훈련의 중요한 요소가 되었다.

웨슬리의 어머니 수산나는 성장기부터 자신의 영적 상태를 점검하는 일기를 썼다. 그녀는 1709년부터 총 255편의 묵상 일기를 남겼다. 조지 휫필드(G. Whitefield), 윌리엄 모건(W. Morgan), 찰스 웨슬리(Charles Wesley), 프란시스 애즈베리(Francis Asbury), 감리교 여인들, 그 외 많은 감리회원이 일기를 썼다.

웨슬리의 일기

찰스는 영적 여정(spiritual journey)으로서 일기 쓰는 방법을 형에게 배웠고, 형 웨슬리는 1734년부터 더 자세하고 엄밀한 일기를 쓰기 시작했다. 결국 일기 쓰기는 전통에서 물려받은 초창기 감리교 부흥 운동의 중요한 내면 훈련(기도, 말씀, 금식, 철야, 일기) 중 하나였다.

영성 훈련으로써의 일기 쓰기

웨슬리는 올더스게이트 체험 직후 '믿음으로 얻는 구원'이라는 설교에서 구원이란 "영혼의 은총에 대해서 눈뜰 때부터 영광 가운데 완성에 이를 때까지 한 개인의 삶 속에서 하나님이 하시는 모든 역사"라는 견해를 피력했다. 우리의 삶은 영광된 구원을 향한 영적 순례라는 것이다.[38]

즉 일기란 내 삶 속에서 이루어지는 구원의 역사 기록이자 성스러워지는 나의 삶에 대한 점검과 성찰의 기록인 셈이다.

또한 일기는 침묵과 독백의 기록이다. 말을 많이 하면서도 침묵할 수 있고, 말을 전혀 하지 않는데도 침묵이 아닌 예도 있다. 독백은 절대적인 침묵 속에서 자신의 영혼에 하나님의 말씀을 반복적으로 새기는 것이다. 그리고 그것은 하나님을 향한 절대적인 신뢰가 있어야 가능하다. 일기는 절대적인 침묵 속에서 하나님이 내 영혼에 새기신

---

38 R. Heizenrater, *Wesley and the People Called Methodists* (Nashville: Abingdon Press, 1995), 220.

> 2022년 2월 1일 설날 아침
> 작가의 말처럼 후회와 불안은 어제 그만할 되었다. 소중한 시간에 쫓기지 말자.
>
> 117.
>
> 아침. 주영은 물건들을 챙기러 잠깐 귀가했다. 간호사가 혈액을 뽑아간다. 수액대를 끌고 병동 복도를 한 바퀴 걷는다. 돌아와 침대에 앉아 더운물을 마신다. 어제를 돌아보면 후회가 있고 내일을 바라보면 불확실하다. 그 사이에 지금 여기의 시간이 있다. 몹시 아픈 곳도 없고 깊이 팬 근심도 없다. 잠시만 온전히 나에게 주어진 시간—이 사이의 시간들은 내가 존재하는 한 사라지는 일 없이 또한 존재할 것이다. 끝없이 도래하고 머물고 지나가고 또 다가올 것이다. 이것이 생의 진실이고 아름다움이다.

요즘에는 고 김진영 선생의 애도 일기에 왼손으로 가끔 한마디씩 일기를 쓴다.

독백을 하루의 삶과 더불어 성찰하는 작업이다.

나는 더는 일기 쓰기의 중요성을 언어로 설명할 재간이 없다. 그리고 되돌아보니 아무리 미국 신학교라도 한국 학생에게 영어로 일기 쓰기를 요구한 것은 잘못이다. 그것은 영성 훈련이 아니라 지독한 노동이었다.

02
자기 계발

―

그 누군가가 아닌,
나 자신의 위대함을 찾아

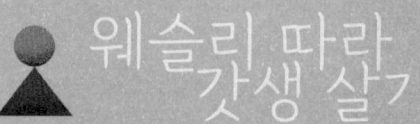
웨슬리 따라
갓생 살기

웨슬리 따라
나만의 나 계발하기

경기도의원 아내

장가를 들기 위해 처음 처가를 찾았다. 그때까지 나는 아파트에 살아본 적이 없었다. 생소한 아파트 현관문을 열고 들어서자 식구들은 나를 열렬히 환대해 주었다. 큰절을 올리고 일어서려니 대뜸 장모님께서 내게 물으셨다. "저렇게 매일 돌아다니는 애하고 같이 살 수 있겠어?" 30년이 지난 지금도 나는 이 말씀을 잊을 수가 없다.

나와 같이 사는 우리 집 사모님은 나와 여러모로 비슷하지만, 정반대의 성향이 하나 있다. 지금도 아내는 공사다망, 늘 바쁘다. 직업을 가진 나보다 자동차의 주행거리가 더 길다. 두 어머니 돌보기부터 시작해서 친구들 챙기기, 다양한 친구들과 정기적으로 만나 수다하기 등으로 늘 바쁘다. 새로 시도한 요리가 식구들에게 좋은 평가를 받으면 그때부터 요리를 주변과 나누는 아내 덕분에 우리 아이들은 이모가 무척 많다.

나는 가끔 아내에게 도의원이라도 출마해 보라며 농담을 한다. 나

73

는 이런 아내가 무척이나 고맙다. 외부 활동을 좋아하는 아내는 평생 건강한 정신과 마음으로 내 곁을 지켜주기 때문이다.

하지만 방학이면 2~3일에 겨우 한 번씩 엘리베이터 1층 버튼을 누르는 나 같은 사람은 돈을 준다고 해도 못 할 일이다. 누군가를 만나, 특별하지 않은 일을 하려고 2~3시간씩 길에서 시간을 보내고 비용을 지불하는 일이 내겐 바보같이 느껴진다. 아니, 나가려고 준비하는 시간부터가 힘겹다. 사람을 만난다는 것 자체가 귀중한 일인데도 말이다. 그렇다고 집에서 대단히 생산적인 일을 하는 것도 아니다. 이른바 귀차니즘의 최고봉답게 나는 늘 책상에 앉아 빈둥대며 시간을 보낸다. 아내처럼 활동적인 사람에게 나처럼 일 년 365일을 집에 틀어박혀 책상 앞에 앉아 있으라고 하면 아마도 정신질환에 걸릴 것이다. 부부이지만, 사람은 달라도 참 많이 다르다.

가끔 졸업시키고 싶지 않은 학생들이 있다. Y는 계속 나의 연구실에 머물렀다. 무언가 하나를 부탁하면 내가 원하는 것을 뚝딱 해냈고, 무엇이든지 상의를 하면 내가 원한 답보다 훨씬 더 발전된 해답을 가지고 왔다. 말을 하기도 전에 내가 필요한 것을 알아챘고, 내가 채 움직이기도 전에 내 할 일을 미리 해놨다. 선생과 제자가 아닌 친구같은 관계가 되었을 때, 나는 그에게 조심스럽게 기분 나쁜 말을 했다. "너는 담임목사보다 부목사를 하면 정말 칭찬을 많이 받을 것 같다." 나는 그가 기분 상해할 줄 알았는데, 내 말이 끝나자마자 그는 무릎을 치며, "그죠, 교수님! 평생 저는 부목사만 할 수 있었으면 좋겠습니다. 제 적성에 딱 맞아요!"라고 말했다.

사람은 각기 다 다르다. 하나님이 사람을 종(species)으로 창조하지 않으시고, 각각의 영혼과 인격으로 창조하셨기 때문이다. 다시 말하면 '인류'를 창조하지 않으시고 이민수, 김민지 등 개개인의 영혼을 창조하셨기 때문이다. 하나님 앞에서는 다 똑같은 우리이지만 각자는 전부 다른 이유이다. 겉모습, 물질, 명예 등의 외모는 시대의 산물이다. 원시시대, 사냥꾼은 최고의 직업이었지만 돼지 오줌통이나 차고 노는 녀석은 대접받지 못했다. 현대는 정 반대다. 지금 사냥꾼은 범법자가 되지만, 손흥민은 최고의 외모다. 그래서 하나님께서는 외모로 사람을 취하지 아니하신다(롬 2:11).

존 웨슬리 주변에는 웨슬리보다 더 멋진 재능을 발휘해서 복음의 큰 사역을 감당했던 이들이 많았다. 존 웨슬리가 우리의 본이 되는 이유는 그가 모든 면에서 뛰어나서가 아니다. 다양한 방면에서 그보다 훨씬 뛰어난 사람들이 많았지만, 웨슬리는 그들을 부러워하거나, 따라 하거나, 질투하거나, 비교하는 데 머무르지 않았다. 오히려 그는 자신이 가장 잘하는 일에 누구보다 많은 노력을 쏟아부었다. 지금 여기에서 웨슬리 주변의 뛰어난 인물들과 웨슬리의 역량을 한번 비교해 보려고 한다.

웨슬리보다 뛰어났던 사람들

당시 조지 휫필드(George Whitefield, 1714~1770)의 설교 능력과 감화력을 따라갈 사람은 아무도 없었다. 웨슬리보다 열한 살이 어린 휫필드는 사제로 서품받기 위한 나이를 2년이나 앞당겼을 정도로 뛰어났다. 청년 휫필드는 서품 후 자신의 고향인 글로스터(Gloucester) 인근에서 목회를 시작하자마자 유명해졌고, 25세에는 브리스톨에서 큰 성공을 거두며 브리스톨 신도회를 이끌었다. 웨슬리가 조지아에서 돌아왔을 때 고작 20대였던 휫필드는 이미 잉글랜드에서 전국적으로 유명한 설교자가 되어 있었다.

그가 야외에서 설교할 때면 무려 만 명이 넘는 사람들이 몰려들었고, 실내에서 설교를 하면 마당과 건물 안이 사람들로 가득 차 휫필드가 강단으로 들어가지 못할 정도였다.[39] 그가 미국에서 귀국한 36세의 웨슬리에게 브리스톨 신도회와 킹스우드 학교를 인계하고 미국으로 떠날 때, 브리스톨 사람들은 그를 놓아주지 않았다. 그러나 휫필드는 자신을 대신해 존 웨슬리가 브리스톨 지역을 돌보게 된다는 것을 큰 소망과 위로로 삼고 미국으로 떠났다.[40]

휫필드는 7차례 미국을 드나들며 20여 도시를 휩쓸면서 제1차 대각성 운동의 불길을 타오르게 했다. 이는 미국 역사에 찍힌 뚜렷한 발자국 중 하나였다. 그의 설교는 신대륙을 뒤집어 놨다.

미국의 국부 벤저민 프랭클린(Benjamin Franklin, 1706~1790)은 '휫필드의 설교를 들으러 갈 땐, 반드시 지갑을 집에 두고 가라'는 유명한 충고를 남겼다. 이신론자이자 과학자인 프랭클린이 부흥 운동을 깎

---

39 조지 휫필드, 『조지 휫필드의 일기』, 엄경희 역 (지평서원, 2015), 302, 307.
40 위의 책, 129.

아내리려고 기자의 신분으로 휫필드의 설교를 취재하러 갔다가 자신도 감화하여 지갑을 몽땅 털어 고아원 설립 기금을 헌금했다고 전해진다.

여러 면에서 휫필드는 존 웨슬리보다 한발 앞서 있었고, 특히 웨슬리와 비교할 수 없는 설교의 감화력과 힘, 성도들에게 다가서는 친근감을 가지고 있었다.

리더십에 있어 웨슬리는 헌팅턴 백작 부인인 셀리나 헤이스팅스(Selina Hastings, 1707~1791)를 따르지 못했다. 페러 백작의 딸로, 헌팅턴 백작 테오필리스(Theophilus Hastings)와 결혼한 셀리나는 후에 남편과 자녀들을 잃었다. 고통 중에 그녀는 시누이 마가렛의 권고를 받

헌팅턴 백작 부인

아 웨슬리 형제의 친구인 벤자민 잉햄의 설교를 듣고 회심했다. (후에 마가렛은 평민인 벤자민 잉햄과 결혼했다.) 곧 백작 부인은 자신이 살던 지역인 미들랜드 도닝턴 파크에서 신도회를 이끌었다.[41] 이때부터 백작 부인은 잉글랜드 부흥 운동의 대모로서, 단순 후원자를 넘어서 상담자, 지휘관으로 결정적 영향을 미쳤다.

우선 그녀는 지역 부흥 운동의 지도자로서 잉햄, 테일러와 함께 자신의 지역 신도회를 지도했다. 해박한 성경 지식을 함께 전달하는 그녀의 간증은 많은 이에게 감동을 주었다.

둘째로 백작 부인은 감리회 운동의 지도자였다. 평신도였던 토마스 맥스필드(Thomas Maxfield)가 설교자가 된 것 역시 백작 부인의 적극적인 추천과 지원 덕분이었다. 휫필드와 웨슬리가 예정론에 대해 논쟁할 때, 백작 부인은 이 둘을 화해시키려고 노력했다. 그러나 노력은 실패로 돌아갔고 백작 부인은 휫필드를 지지하며 함께했다.[42] 백작 부인은 웨슬리에게 킹스우드 북쪽 탄광 지역의 광부들에게 선교할 것을 제안했다.[43] 휫필드의 미국행을 조언하고, 미국이나 시에라리온에 직접 선교사를 파송한 것도 백작 부인이었다.[44]

마지막으로 백작 부인은 감리회 운동의 막강한 지원자였다. 웨슬

---

41 Gilbert Kirby, *The Elect Lady* (Manchester: The Trustees of the Countess of Huntingdon's Connexion, 2002), 135.
42 위의 책, 31.
43 위의 책, 37~38.
44 이정미, 『존 웨슬리와 감리교 전통의 여성들』, (한국학술정보, 2010), 41.

리언이 되기 원하는 성직자들이 신학적 문제를 합의하는 과정을 주선했고, 자신의 집에서 관련된 모임을 개최했다.[45] 설교자들을 위해 잉글랜드 전역에 63개(혹 64개)의 예배당을 지었으며, 복음주의 설교자들을 양성하려고 웨일즈 트레베카(Trevecca)에 신학교를 만들었다. 헌팅턴 백작 부인은 자신의 모든 유산은 물론 대출까지 받아서 잉글랜드 부흥 운동을 적극 지원했다.

이들 외에도 겸손함과 깊이에서는 존 플랫처(John W. Fletcher, 1729~1785)를 따르기 어려웠고, 결단력과 카리스마에서는 프란시스 애즈베리 등이 뛰어났다. 이들의 역량과 재능은 우열을 가릴 수 없다. 하나님께 받은 자신의 달란트와 성향을 크게 발전시킨 결과이기 때문이다. 이를 바라보는 우리의 시각에 따라 각각의 재능이 더 크게 혹은 작게 보이는 것뿐이다.

그러면 존 웨슬리의 재능과 성향은 어떠했고, 웨슬리가 다른 분들보다 크게 보이는 까닭은 무엇이었을까? 잘 알려진 웨슬리의 성품을 아래에 소개한다.

웨슬리가 찾고 발전시킨 자신의 성품과 달란트

첫째, 웨슬리는 한 시간도 자리에 앉아 있을 수 없을 만큼 활동력이 넘치는 사람이었다. 그가 신비주의를 동경하면서도 이에 집착하

---

45 R. Heizenrater, *Wesley and the People Called Methodists*, 204.

지 않았던 것은 타고난 에너지 넘치는 성향 때문이었다. 이런 그가 한 지역이나 기관의 목회자가 되었다면 결과가 어떠했을지 뻔히 보인다. 그는 자신의 타고난 성품에 딱 맞는 목회 활동을 선택했다.

둘째, 그는 지독한 자기 관리를 평생 유지할 만큼 꾸준함과 인내심이 타고 난 사람이었다. 그는 이러한 자신의 성향을 종교적인 면으로 발전시켰다. 건강 관리는 목회에 활용했고, 영성 관리는 내적 생활에 활용했으며, 목회 일정 관리는 선교에 활용했다. 같은 일을 오랫동안 지속해도 싫증을 내지 않는 웨슬리의 성품은 그의 목회에 아주 적합했다.

셋째, 그는 학구열이 강한 사람이었다. 쉬지 않고 공부하는 책벌레였다. 나이가 들었어도 호기심이 넘쳤고, 머리도 좋은데 노력까지 하는 사람이었다. 그는 바쁜 와중에도 하나님께 받은 이런 성향을 잘 발전시켜 학문의 발전을 이루었고, 이론과 체험의 건강한 균형을 유지해 갔다.

넷째, 웨슬리는 맡은 일에 결과를 내기 위해 지속적으로, 그리고 집요하게 노력하는 사람이었다. 최근 그릿(grit)이라는 개념이 유행이다. 그릿은 성공한 사람이나 성취도가 높은 학생들이 공통적으로 가진 태도로서, 최종 목표를 이루기 위한 개인의 긍정적 태도, 강력한 동기, 그리고 열정을 가지고 꾸준하게 노력하는 태도(perseverance)를 말한다. 존 웨슬리는 딱 이런 분이었던 것 같다.

마지막으로 웨슬리의 가장 큰 장점이자 내가 가장 부러워하는 그의 성품은 타인과 자신을 비교하지 않고, 남의 성취를 부러워하지 않으며, 자기 일에 집중하여 최선을 다하고 만족하는 성향이다. 조지 횟필드는 자신의 독무대였던 감리회 운동의 주인공 자리를 웨슬리에게 물려준 뒤 여러 번 아쉬움을 표현했다. 인간적으로 횟필드의 푸념이 이해되지 않는 것은 아니다. 그러나 나보다 더 성공한 것 같은, 더 행복한 것 같은, 더 잘생긴 것 같은, 더 잘난 것 같은 마음은 하나님의 일을 하는데, 인생을 사는데 별로 필요하지도 않은 데다 도움도 되지 않는다.

청년기나 장년기에는 타인과 비교하는 마음이 더 많아진다. 그래서 자신이 부러워하는 사람의 삶의 행태를 따라가기도 한다. 만약 존 웨슬리가 그런 사람이었다면, 오늘날 웨슬리언은 없었을 것이다. 존 웨슬리는 옆 사람을 보지 않았다. 그는 하나님께 받은 자신의 고유한 성품과 달란트를 최대한으로 발전시키고 끌어올린 사람이었다.

나는 그런 측면에서 웨슬리의 위대함을 본다. 물론 나는 존 웨슬리를 따라 살지만, 그가 부럽진 않다. 내게 감리회 운동 인물 중 누구의 삶을 선택하겠냐고 물어보면, 나는 웨슬리 형제나 횟필드나 백작 부인이나 플랫처나 애즈베리의 삶이 아닌, 내 삶을 선택하겠다고 대답할 것이다.

웨슬리 따라
공부하기

웨슬리는 무슨 과 출신?

답 : 웨슬리는 학과 출신이 아니다.

19세기 초, 서유럽 대학에 학과(department)라는 개념이 도입되었다. 이제 막 학문이 분화하기 시작한 시기에 대학생활을 했던 웨슬리는 특정 학과를 졸업하지 않았다. 당시 영국에서는 귀족이나 젠트리(gentry), 이른바 상류층 자녀들의 해외 유학이 유행했다. '그랜드 투어(Grand Tour)'라고 불렸던 이 유학 열풍은 당시 영국의 젊은이들이 대학에 가는 대신 문화선진국이었던 이탈리아나 프랑스를 여행하는 것을 지칭한다.

2~3년의 여행 기간에 다양한 학원에 다녔다고 하니 여행보다는 유학에 가깝다. 부유한 젊은이들이 모두 해외로 빠져나가니 18세기 당시 옥스퍼드(Oxford)와 케임브리지(Cambridge)대학은 정원을 채우지 못해 학교가 텅텅 비었다. 그렇다면 당시 영국의 상류층 젊은이들이 앞다퉈 해외 유학을 떠난 이유는 무엇일까?

옥스퍼드대학 크라이스트처치

이는 영국의 상류층들이 명예혁명을 통해 정치적 안정을 얻었고, 산업혁명을 통해 경제적 풍요를 얻었으며, 부동산값 폭등으로 자산소득의 증대를 이루었기 때문이다. 하지만 더 근본적인 요인은 대학에 있었다. 웨슬리의 시대는 계몽주의와 산업혁명을 거치면서 과학이 발전하고 기술이 혁신을 이루는 시기였다. 그런데도 대학은 여전히 중세의 3학(trivium) 4과(quadrivium) 커리큘럼을 고집했고, 라틴어와 헬라어로 이른바 '공자 왈, 맹자 왈' 하는 식의 주입식 교육에만 안주했다. 시대의 변화를 수용하지 못한 것이다.[46]

---

46 중세 대학에 확립된 교과 과목들. 자유 교양(artes liberalis)이라고 한다. 3학은 문법, 수사학, 논리학, 4과는 수학, 기하학, 천문학, 음악.

게다가 당시 옥스퍼드와 케임브리지는 왕당파의 온상이기도 했다. 즉 비국교도, 공화파 귀족들, 신진 젠트리들의 시각에 대학은 요즘 유행어로 철밥통, 꼰대, 수구꼴통(철구)의 서식지였다. 그러니 대학에 갈 바엔 선진국의 문물을 배우는 편이 낫다고 판단했다. 지금 대한민국 대학의 모습과 판박이처럼 똑같다. 특히 신학의 정체성이니, 목회의 특수성이니 떠들며 여전히 전통적인 커리큘럼과 수업 방식을 고집하는 신학교들은 철구 중의 철구다. 그렇다면 이런 교육 환경에서 자란 웨슬리는 어떠했을까?

웨슬리는 여전히 수도원 형식으로 운영되던 영국의 중등학교와 대학에서 고전어를 익히며 논리학에 심취했다. 언제든지 결심만 하면 성직자가 되게끔 설계된 중세 대학의 커리큘럼에 따라 그도 예비 신학을 철저히 습득했다. 산업화로 집단보다 개인이 중시되고, 토지개혁, 조세, 노동, 도시 복지 등 새롭게 등장한 사회·경제 문제들이 산적한 시기였다. 하지만 옥스퍼드는 기여는커녕 이러한 현실을 회피했다. 오로지 복음의 능력으로 사회가 개혁될 수 있고 경제 정의와 복지는 국가의 책무라기보다 개인 윤리와 선행으로 해결될 것이라는 허황한 기대를 하고 있었다. 현재도 이런 생각을 하는 사람들이 있다는 것이 놀라울 따름이다.

이런 분위기에 휩쓸려 웨슬리 역시 개인의 올바른 경제·윤리관(청지기론)이 개혁의 해결책이며, 이것이 실현될 때 이 땅이 하나님의 나라로 변한다고 믿었다. 웨슬리는 빈곤과 같은 사회문제와 불평등의 원인이 사회 구조에 있다고 생각했지만, 그것을 해결할 구조적 해법을 가지지 못했다. 또한 당시 웨슬리는 개인의 변화가 사회를 개혁할 수 없다는 사회학의 기본적 전제에 아직 도달하지 못했다.

결론적으로 옥스퍼드에서 공부한 웨슬리도 이러한 환경에서 자유로울 수 없었다. 웨슬리는 옥스퍼드가 배태한 한계를 고스란히 가지고 있었다.

따라서 태생적으로 야당일 수밖에 없었던 남부의 몰락한 기사 가문 출신, 비국교도 출신인 웨슬리 부자가 토리(Tory)당원이었다는 사실은 그리 놀라운 일이 아니다. 나는 웨슬리의 사고와 행적의 모순들이 이러한 삶의 궤적에 기인한다고 생각한다. 하지만 웨슬리는 자신이 성장하고 공부했던 담론 구조 안에 붙잡혀 있지 않았다. 그는 구조적 결정론을 개인적 실용주의로 극복해 나갔다.

잡학의 덕후 웨슬리

비록 옥스퍼드는 시대를 외면했지만, 웨슬리는 시대를 외면하지 않았다. 다양한 분야에 대한 웨슬리의 관심과 노력은 경이로울 정도였다. 잘 알려졌다시피 웨슬리는 의학에 정통했다. 여기서 정통했다는 표현을 사용한 이유는 당시 영국의 의학과 진료의 수준이 25년 넘게 의학을 독학한 웨슬리 이상으로 정교하게 발전했다고 보기 어렵기 때문이다.

그가 쓴 『기초의학: 간편하고 자연적인 질병 치료법』은 1747년 출판되어 1859년까지 무려 37쇄가 판매되었다. 이 책은 미국에서도

1764년부터 1839년까지 7쇄가 팔려나갔다. 더 당황스러운 점은 의학 서적 베스트셀러 작가였던 웨슬리가 전기에 대해서도 전문적인 지식을 가졌다는 점이다.

1747년 전기 쇼를 관람한 후 전기에 매료된 웨슬리는 윌리엄 왓슨(William Watson), 프랭클린(B. Franklin), 러벳(R. Lovett), 콜리슨(P. Collison)과 같은 전기학 및 전기치유 시조들의 논쟁에 집요한 관심을 가졌다. 이들의 저작들과 팸플릿들을 섭렵하며 전기의 세계에 빠져든 웨슬리는 이따금 그의 일기에 전기에 대한 자기 생각을 적기 시작하더니(대표적으로 1724년 2월 17일, vol.20:446) 급기야 5년 뒤인 1759년에는 『긴요한 것: 즉 쉽고 유용한 전기』를 출간했다.

이 저서는 놀랍게도 전기와 의학을 접목한 그의 임상 시험에 기초한 것이었다. 실제로 그는 치료 목적으로 전기기계를 구매해 설치하기도 했다. 현대식으로 표현하면 '의료법 위반'인 셈인데, 목사가 전자파 충격기를 들여놓고 아픈 성도들을 치료했다는 말이다.

웨슬리가 일반인의 접근이 쉽지 않은 전기에 몰두할 수 있었던 것은 대학 시절에 기초부터 탄탄하게 쌓아 올린 물리학 지식 덕분이었다. 많은 논란에도 불구하고 웨슬리는 청년 시절부터 아이작 뉴턴(Isaac Newton)의 물리학과 존 로크(John Locke)의 경험철학에 열광했다. 웨슬리는 일반인도 쉽게 읽을 만한 과학 지식백과 형식의 『자연철학개요』를 출판했는데, 이 책에서뿐 아니라 『간략한 교회의 역사(1781)』에서도 뉴턴을 극찬했다.

웨슬리의 공부는 자연과학에 국한되지 않았다. 그가 스코틀랜드 출신인 애덤 스미스(Adam Smith)의 『국부론(1776)』을 읽었는지는 확실하지 않다. 다만 웨슬리의 논문 '식량의 현재적 궁핍에 관한 생각'을 통해 웨슬리의 경제관을 엿볼 수 있다. 또한 이 논문의 서문을 보면 웨슬리가 당시 출간된 경제서들에 많은 관심과 정보를 가졌음을 알 수 있다.[47]

이뿐 아니라 웨슬리는 지질학, 심리학, 자연과 생태환경에도 깊은 관심을 가졌다. 고전과 신학은 물론이고 세속철학, 의학, 경제학, 물리학, 전기 등에 정통했으며, 문학과 음악, 시에도 조예가 깊었다.

그가 노력을 쏟은 학문들은 모두 그의 목회에서 큰 열매를 맺었다. 1760년 『London Magazine』의 기자는 웨슬리에게 왜 전기에 그렇게 많은 관심을 가지느냐고 물었다. 이에 대해 웨슬리는 "내가 할 수 있는 한 더 많은 선을 행하려고"라고 대답했다.[48]

융복합하라!

4차 산업혁명 시대에는 한 사람이 평생 약 6개의 직종에 종사한다고 한다. 대학의 전공 교육이 더는 실효성을 가지지 못한다는 것 역

---

[47] 존 웨슬리, '식량의 현재적 궁핍에 관한 생각', 『존 웨슬리 논문집 I』, 한국웨슬리학회 역 (한국웨슬리학회, 2009), 418.

[48] John Wesley, *The Letters of John Wesley Vol. 4*, ed. John Telford (London: Epworth Press, 1931), 123. 이성덕, '존 웨슬리와 과학', 「한국교회사학회 제20집 (2007)」, 213에서 재인용.

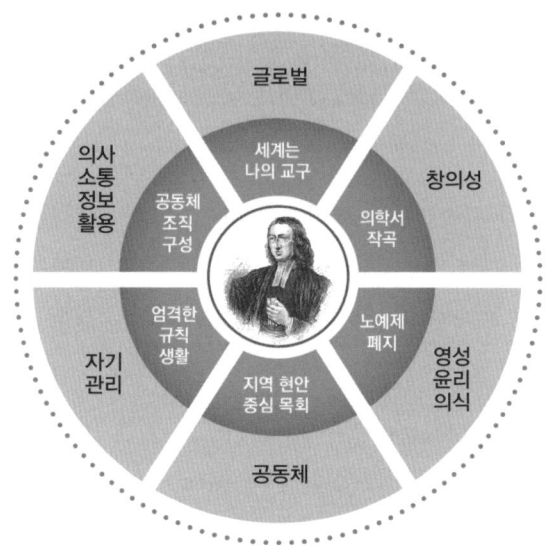

협성대학교 웨슬리 인재상과 웨슬리 핵심역량

시 이미 세계적으로 증명되었다. 첨단공학 및 특수과학을 제외하고는 자신의 전공을 직업 현장에서 활용하는 경우를 찾기 어렵다.

이런 이유로 앞서가는 대학들은 학제와 커리큘럼을 완전히 뜯어고쳐 학과/전공 중심교육에서 역량/융복합 중심교육으로 전환했다. 우리나라 교육부도 대학교육에 혁명이 필요함을 절감했다. 2014년 시작된 고등교육법 시행령부터 현재까지 대학교육의 학제와 커리큘럼에 대한 제한을 지속해서 폐지했으며, 심지어 최근에는 초등학교부터 교과과정을 통합했고, 대학의 학과와 졸업 연한도 자율적으로 대학에 맡기는 추세이다.

문제는 요지부동인 대학이다. 특히 "신학교 공부는 현장 목회에 별 도움이 안 된다."라는 푸념을 40년 넘게 들어온 신학교조차 교육제도, 교육방법, 교육과정에 단 한 치의 변화가 없다. 그래서 대학 무용론이니, 유효기간 만료설 같은 이야기가 횡횡한다.

웨슬리는 시대에 매여 있지 않고 시대의 물결을 타고 갔다는 점에서 위대하다. 그는 국교회 성직자들과 달리 필요하거나 관심 있는 학문에 몰입했고 그 결실을 목회에 녹여냈다. 그의 이러한 실험적 태도는 새로운 시대에 적절한 목회적 결실로 나타났다.

신학교에서 배우는 고전어와 철학적 신학은 품위 있고 멋있다. 그러나 이 시대의 목회에는 사회복지, 대중음악, 미디어 영상, 청소년 심리·학습 상담, 생애 주기에 따른 영성 훈련, 전인적 치유 등의 많은 분야가 시급하고 필요하다. 또한 목회자 자신이 능숙하거나 관심이 깊은 분야를 목회에 적용하는 것 역시 필요한 역량이다.

웨슬리는 이동 중에 책을 읽다가 졸아 말에서 수없이 떨어졌다. 바쁜 선교 활동 중에도 손에서 책을 놓지 않았다는 것이 놀랍다. 그가 무슨 책들을 그리 열심히 읽었는지 궁금하기도 하다. 분명한 것은 신학책만은 아닐 것 같다.

웨슬리 따라
시간 관리하기

Early Bird or Night Owl?

    검색해 보니 여전히 잘 팔리나 보다. 이제까지 150만 부 이상 팔렸다는 바로 그 책, 『아침형 인간』이다.

    이 책은 맹렬한 추종자들을 만들어 냄과 동시에 '책이 잘못된 것인지, 내가 잘못된 것인지' 아리송해 하며 움츠러든 나 같은 사람의 죄책감도 대량 생산했다. 건강과 효율적 삶을 위한 측면에서 이 책이 훌륭한 지침서임은 의심의 여지가 없다. 그러나 '4시간 숙면법', '인생 두 배 살기', '새벽의 성공 습관' 등을 외치며 연이어 나타난 짝퉁들로 인해 당시 나는 "건강을 위해서라면 모를까, 모든 사람을 정신병자로 만들 일 있나?"라는 엉터리 논리로 나를 방어했다. 그땐 마냥 방어적인 논리라고만 생각했는데, 요즘에는 내 궤변이 더 타당하다는 생각이 든다.

    2003년 아침형 인간, 2004년 새벽형 크리스천, 그리고 삼성의 자율출퇴근제 시행. 단 1분마저도 쪼개 쓰라는 철저한 시간 관리가 사회의 화두가 된 지 채 10년도 되지 않아 정반대의 현상이 벌어졌다. 버트런드 러셀(Bertrand A. W. Russell)의 『게으름의 찬양』이 재출판되며 각종 매체는 휴식과 치유를 부르짖기 시작했다. 사무실의 분위기는 즐거운 놀이터처럼 바뀌었고, 재택근무와 자율적 학습은 일상이 되어버렸다.

지금처럼 살인적인 경쟁 사회에 살지 않았음에도 존 웨슬리는 이상하리만치 시간에 대해 자주 언급했다. 가령 "그러므로 오직 오늘을 사십시오. 한 시간이라도 허송하지 마십시오. 이 시간을 선용하십시오(2권:263)."라든가, 아예 '시간을 아끼라'라는 제목으로 설교하기도 했다(5권:165).

이러한 웨슬리의 언급은 '아침형 인간'을 부르짖는 현대인들에겐 매우 자연스럽게 들린다. 하지만 시계조차 대중적으로 보급되지 않았던 당시 사람들에게는 그리 친숙한 충고가 아니었다. 그렇다면 웨슬리는 왜 시간 사용에 이렇게 집착했을까? 웨슬리는 18세기 아침형 인간주의자였을까?

인류가 시계를 보고 산 지는 얼마 되지 않았다. 인류는 태양을 따라 살았고 배가 고프면 먹었다. 그래서 겨울에는 많이 자고 여름에는 많이 먹었다. 덕분에 배꼽시계라는 말도 생겼고, 낮과 밤이 길고 짧다는 의식도 생겼다.

산업혁명 이전 영국에는 '성 월요일'이라는 악습이 있었다. 성 월요일은 농민들이 주일 다음날인 월요일을 성일이라 부르며 일손을 놓고 휴식과 음주를 즐겼던, 이른바 월요병 현상을 가리킨다.

옆 그림은 조셉 랜즈델리(J. Lanzedelly)의 판화 작품 〈Saint Monday (1818)〉로, 월요일에 술판을 벌이며 노는 남편들을 꾸짖는 아낙들의 모습을 우스꽝스럽게 표현했다. 결론적으로 말해 산업사회 이전에는 '규칙적 생활'이라는 개념 자체가 희미했다.

산업체계의 변화는 시간에 대한 혁명적인 인식 변화를 일으켰다. 이제 시간은 돈으로 환산되어 지급됐기에 그냥 지나가는 것이 아니라 '판매하고 관리해야 하는 것'이 되었다.

웨슬리가 시간에 대해 왜 그토록 강박적으로 언급했는지가 명백해졌다. 혁명적 시기에 목회를 한 웨슬리는 인습에 빠져있던 성도들의 불규칙한 생활 태도를 시급히 개선해야 한다고 생각했다. 게으름이 단지 도덕적 비난에 그치는 것이 아니라 '시간이 곧 돈'으로 환산되기 시작했기 때문이었다.

자본주의와 프로테스탄티즘의 결혼

"왜 우리는 스스로 그토록 규칙적이어야 합니까? … 참으로 여러분은 잠에서 깨어나 세월을 아끼지 않는다면 어떤 해가 되는지 알기를 열망하십니까? 그렇다면 자야 할 그 시간보다 하루 1시간 더 잔다고 한번 생각해 보십시오. 그렇게 되면 먼저는 여러분의 재산에 피해를 가져다줍니다. 하루 1시간씩 더 자게 된다면 시간적으로 따져 일주일에 6시간을 날려 보내는 것입니다. 그 시간 동안 일을 해서 돈을 벌 수 있다면 그 시간이 그렇게 작은 시간이겠습니까?(5권:168~169)."

웨슬리는 가난이 하나님의 뜻이라든지, 가난한 사람들의 게으른 본성 때문이라고 생각하지 않았다. 그는 경작지 점유(enclosure) 운동, 농지 몰수, 저임금, 세제 등 불의한 제제가 빈부격차의 근본적 원인이라고 진단했다. 그러나 웨슬리는 가난과 직결되는 게으름의 고리를 끊어야 한다고 절감했고, 가난한 이들의 시간관념을 개혁하고자 했다. 이것은 비단 웨슬리만의 생각은 아니었다.

표면적으로 무소유와 청빈을 내세웠던 로마교회와 달리 장 칼뱅(Jean Calvin, 1509~1564)은 자본주의 체제를 받아들였다. 심지어 칼뱅은 성직자의 부(富)가 오히려 목회와 신앙 지도에 유리하다고 생각하여 성직자의 축재(蓄財)와 투자도 인정했다. 부에 안주하거나, 부를 이용한 환락, 나태, 욕망에 빠져 경건한 삶을 포기하지 않는 한 재산을 모으기 위한 노력은 정당하고 신성한 것이라고 보았다.

이때부터 최소한의 수면과 휴식 시간을 제외한 성실한 노동, 그리고 이를 통한 부의 축적은 하나님의 뜻에 부응하는 삶이라 여겨졌고, 시간 낭비는 악이요 성실한 노동은 선이라는 새로운 등식이 만들어졌다. 게으른 자들에겐 "일하지 않으면 먹지 말라."는 사도의 말씀이 쏟아졌다.

다음의 그림은 웨슬리와 거의 동시대를 살았던 풍속화가 윌리엄 호가스(William Hogarth)의 연작 판화 중 한 장면이다. 작품의 제목은 '성실함과 게으름'으로, 나태하게 살며 재산을 탕진하고 결국 범죄를 저질러 형장으로 끌려가는 귀족과 그를 조롱하는 군중의 모습을 그리고 있다. 호가스는 이 작품을 통해 부지런한 사람의 성공과 게으른

사람의 몰락을 대비하며 게으름뱅이들에게 경종을 울린다.

그런데 형장으로 가는 죄인 앞에 호통을 치며 꾸짖는 검은 옷의 사내가 있다. 그의 손에는 'Wesley'라 쓰인 책이 들려 있는데, 불현듯 나타나서 사사건건 무턱대고 가르치려 드는 '감리회 설교자라 불리는' 막무가내들을 비아냥대듯 묘사한 것이다.

비록 작가의 비아냥을 받았지만, 초기 감리교도들의 모습에서 우리가 배우고 기억해야 할 것이 있다. 첫째, 선교(특히 교도소)에 대한 그들의 정열적인 활동을 배워야 한다. 둘째, 초기 감리회원들이 강조했던 성실한 삶과 신성한 노동을 기억해야 한다. 마지막은 일반인들과 구별되는 그들의 검소하고 단순한 복장이다.[49]

---

49 이 책 6쪽 참조

웨슬리가 이야기한 '시간 관리'에는 두 가지 목적이 있었다. 첫 번째 목적은 효율성으로, 여기에는 성도들의 생활을 개혁해 삶의 질을 개선하고자 하는 웨슬리의 간절한 사랑이 녹아 있다. 그러나 웨슬리의 목적은 단지 삶의 개선에만 국한되지 않았다. 시간 관리에 대한 웨슬리의 진정한 목적 두 번째는, 내면의 성화를 위해 시간은 철저하게 관리되어야 한다는 것이었다. 이 강렬한 목적의 중심에는 '규칙적인 생활'이 있었다.

웨슬리는 절제된 생활, 성실한 노동, 충분한 수면, 적절한 휴식 등이 소득 증대를 위한 생활 태도이기도 하지만, 영적인 건강함을 유지하며 경건한 삶을 살기 위한 기본적이며 필수적인 태도라고 확신했다. 이러한 웨슬리의 생각은 전 시대를 살았던 청교도 지도자 리처드 백스터(Richard Baxter, 1615~1691)와 같은 이들의 가르침을 그의 시대에 맞게 적절히 적용한 것이다.

이렇듯 웨슬리는 시간 관리와 노동에 대하여 면면히 내려오던 종교개혁의 정신과 이념, 그리고 산업혁명이라는 시대적 상황을 적극적으로 수용하고 융합했다.

규칙성과 성스러움, 두 마리 토끼를 잡아라

우리 사회는 부쩍 증가한 정신 질환, 스스로 선택한 죽음, 엽기적 범죄와 갑질, 산업 재해 등이 일상이 되어버렸다. 안락한 행복이 아닌 탈진과 불안이 성실하고 열심히 살아온 사람들을 반긴다. 신자본주의 문명은 한 인간이 가용할 수 있는 에너지의 몇 배 이상을 지속해서 요구하며 우리의 내면을 황폐화한다.[50]

멀찌감치 놓인 전화기로 달려가거나 공중전화 부스를 찾아 헤매는 수고를 덜어줄 줄 알았던 휴대전화는 유선전화를 사용할 때 투입된 에너지의 수 배, 수십 배를 요구했다. 먹고 살기 위해 일주일에 8~10시간을 일했던 초기 인류와 비교하면, 우리는 5~10배 이상의 일을 해도 먹고 살기 힘들어졌다.

동시대를 살아가는 사람들의 행복과 안녕을 위해 고민하며 사역했던 웨슬리, 만약 그가 지금 이 시점 대한민국의 그리스도인이었다면 우리에게 시간에 관해 어떤 조언을 했을지 궁금해진다. 수입을 위해, 승진을 위해, 경쟁에서 승리하기 위해서가 아니라 상처의 치유, 내면의 건강, 성스러움을 위한 훈련, 자신의 참다운 행복을 위한 규칙적 일상에서의 영적 훈련이 그 어느 때보다 절실한 때이다. 웨슬리의 가르침이 한껏 와 닿는다.

다행히 웨슬리언들은 스승이신 웨슬리의 가르침에 따라 살면 된다. 개인은 시간 사용에 대한 웨슬리의 가르침에 기초를 둔 생활 계획을 마련해 훈련하고, 교회 공동체는 생애 주기에 따른 삶의 모델 및 영성 훈련 안내서를 개발해야 한다.

---

[50] 한병철, 『피로사회』 (문학과지성사, 2012) 참고.

웨슬리 따라
친구 사귀기

우정이라는 비현실적 용어

한국에서 신학교를 다닐 때 일이다. 신학교에는 주머니 사정이 좋지 못한 친구들이 유독 많았다. 수업이 일찍 끝난 어느 날, 한 후배에게 제안을 했다. "형이 영화 보여 줄 테니 우리 극장 가자! 영화 보고 저녁도 사 줄게." 나는 주머니 사정이 얄팍한 녀석에게 큰 선심과 혜택을 제안했다고 믿었다. 그는 한참을 우물쭈물하더니 이렇게 대답했다. "형, 나 영화 보여 줄 돈으로 책 사 주면 안 돼요?"

순간 나는 내가 누군가에게 호의를 베푼 것이 아니라 나 자신을 위해 내 돈을 쓰려고 했다는 사실을 깨달았다.

지방에서 올라와 기숙사 생활을 하는 그는 늘 용돈이 부족했다. 변변한 서울의 문화를 즐기기조차 어려웠던 그에게 영화도 보여주고 저녁도 사 줄 생각을 하면서 내가 어떤 혜택을 베푼다고 생각했다. 그런데 영화도 보고 싶었을 그가, 기숙사 식당이 아닌 곳에서 외식도 하고 싶었을 그가, 용돈이 부족해 사지 못한 책을 사 달라고 했을 때

내 머릿속에는 '내가 왜 네 책을 사 줘?'라는 의문이 스쳤다. 내 무의식에서, 언어화되지도 못한 채 번개처럼 스친 생각이었다.

책을 얻은 후배는 싱글벙글했지만, 그 순간 그는 나의 도구가 될 뻔했다. '친구를 위하네', '내가 뭘 해줬네' 하면서도 그 내면에는 내 즐거움이나 내가 받는 반대급부가 있는 경우가 많다. 그럴 경우 상대는 나의 도구가 된다. 결코, 하나님이 원하시는 관계가 아니다. 여하튼 나는 살면서 수많은 사람을 나의 도구로 만들었고, 나 역시 수많은 사람의 도구가 되었다. 때로는 모르는 채, 때로는 알면서도 말이다.

최근에는 주변에 사람이 많을수록 행복하며, 그렇지 않은 경우보다 장수하고, 치매와 질병에서 안전하다는 의학적, 사회심리학적 저널리즘이 팽배하다. 주변에 사람이 몰리는 것을 부러워하는 사람들도 많다. 그런데 천성적으로 '혼자'를 좋아하는 나 같은 사람에게는 이러한 상황이 부러움은커녕, 고역 중 고역이다. 아무리 생각해 봐도 모든 사람이 다 똑같이 함께 몰려다녀야 하는지, 밥을 같이 먹는 것을 좋아해야 하는지 나는 정말 모르겠다.

나는 고교 시절부터 군중 속에서 오히려 고독을 느낀다는 괴테(Johann Wolfgang von Goethe, 1749~1832)의 말을 체감하며 살았다. 또한 고독과 외로움의 회피와 극복을 당위적으로 생각하는 것도 참 우습다고 느꼈다. 인간 고유의 감정인 고독과 외로움을 회피하고 극복해야 할 이유가 있는가? 고독하고 외로우면 일찍 죽거나, 치매에 걸릴 위험이 증가하기 때문에?

그렇다면 결국 주변 사람은 나의 건강과 장수를 위해 필요한 존재

지리산 둘레길에서 하룻밤 묵은 숙소. 혼자 정말 무서웠다.

라는 말인가? 그래서 서로 도움이 되는(win-win) 관계란 말인가?

  270여 킬로미터의 지리산 둘레길을 혼자 걸은 적이 있다. 매일 매일 기도가 쌓이고 삶에 대한 성찰이 풍성하게 더해졌다. 그러던 어느 날, 길동무들을 만났다. 매일 혼자 외로이 걷다가 만난 동무들 덕분에 걷는 내내 재미있었다. 힘든 줄도 몰랐다. 2박 3일을 함께 걷고 헤어지는 날엔 코가 찡했다. 한 친구는 그런 모습을 보이기 싫었는지 뒤도 돌아보지 않고 휙 떠나버렸고, 또 다른 여성 동무는 훌쩍훌쩍 울었다. 나 역시 헤어진 날만큼은 왠지 허전하고 우울했다.

  이후 순례를 마치고 끄적인 메모들을 정리하면서 묵상록을 쓰기 시작했다. 그런데 아뿔싸! 길동무들과 함께했던 2박 3일은 진공 상태였다. 즐거웠다는 기억 외에는 아무런 기도도, 기억도, 성찰도 없었다. 나는 그때부터 '함께하는 여행'과 '혼자 하는 여행'을 철저히 구분한다.

영적으로 다수의 사람과 친교하는 것은 결코 긍정적이지 않다. 그리 권장되지도 않는다. 동방의 수도사 브리안카니노프(Ignatius Brianchaninov)는 우리가 사람 속에 사는 것은 먼저 괴로움, 멸시, 궁핍, 굴욕 등을 참고 겪으며 자신의 감정과 감각의 영향에서 해방되는 훈련을 위한 것뿐이라고 가르쳤다.[51]

그런가 하면 성 테레사(St. Teresa, 1515~1582)는 우정이 싹트는 것을 매우 경계해야 한다고 가르쳤다. 누군가를 좋아하게 되면 자신을 사랑하는 사람에게 무엇이든 보상하고자 하는 욕망과 사랑받고자 하는 집착에 사로잡히기 때문이다. 또한 어떠한 집단의 사람들과 정이 들어 생기는 인간에 대한 사랑이 종종 하나님의 사랑 전체의 균형을 깨뜨리기 때문이다. 결국 우정은 우리를 세상에 집착하게 만든다.[52]

또한 우리는 외로움(loneliness)과 고독감(solitude)을 구별해야 한다. 외로움은 내적인 병이지만, 고독은 우리가 그분을 단둘이 맞닥뜨릴 수 있는 경건하고 숭고한 기회이다. 우리는 늘 기도해야 한다고 한탄하면서도 가슴에는 욕망을, 머릿속에는 헛된 생각을, 입에는 주변 사람들과의 끊임없는 수다를 담고 있다. 우리와 단둘이 소통하고 함께 하시고자 하는 하나님께 시간을 내어드리지 않는 것이다.

---

51 브리안카니노프, 『그리스도를 본받아 사는 생활』, 엄성옥 역 (은성, 1992), 47.
52 성 테레사, 『기도의 삶』, 이상원 역 (크리스천다이제스트, 1993), 94~95.

속 사정을 들여다보면 많은 지인을 곁에 둔 사람이 가장 외로운 사람일지 모른다. 그(녀)는 결코 혼자 있을 능력이 없거나, 혼자 있는 것이 두렵거나, 혼자서는 행복할 방법을 모르는 사람일 테니까. 우리는 고독감을 즐겨야 한다. 고독할 때 하나님과 만나야 한다.[53] 그래서 영성사에서는 고독함을 추구하는 것이 때때로 종교적 이기심이나 탐닉으로 여겨지기도 했다.[54]

우리는 늘 세상과 우리를 구별한다. 세상은 같은 학교 출신, 고향 친구, 경조사를 챙기는 동창, 직장의 조력자, 이익과 정치적 상황으로 엮인 무리, 심지어 은퇴 후 함께 놀 친구를 염두에 두며 서로를 형님, 아우, 친구로 부른다. 그런데 세상과 구별되어 하나님의 주권 아래 산다고 자부하는 우리도 세상 사람들과 똑같이 행동하는 경우가 많다. 친구 관계와 관리해야 할 인맥을 혼동하는 것이다.

우정이 얼마나 어려운 것이면 주님은 친구를 위해 목숨을 바치는 사랑이 가장 크다고 하셨을까?(요 15:13) 우리의 사부, 존 웨슬리는 어떻게 '인맥 관리'를 하셨을지 궁금해진다.

결별의 명수 웨슬리

웨슬리는 신념을 달리하는 친구들과는 과감하게 결별했다. 때로는

---

53 이정용, 『그 길을 걸으라: 이정용 설교집』, 이충범 역 (kmc, 2023), 190.
54 Andrew Louth, *The Wilderness of God* (Nashville: Abingdon Press, 1991), 66.

그 결별 과정이 너무 지나쳐서, 웨슬리의 인간성을 의심하는 순간이 생기기도 한다.

우선 웨슬리는 모라비안 친구들과 일찌감치 결별했다. 그는 조지아로 가는 중 알게 된 모라비안들을 사귀려고 독일어를 독학했다. 귀국 후에도 곧바로 모라비안 친구들을 만났고, 그들의 신도회에

진젠도르프 백작

합류했다. 모라비안 신도회인 올더스게이트에서 큰 은혜를 체험한 웨슬리는 그들의 본거지인 독일을 여행하기도 했다. 세계 선교에 깊은 관심을 가졌던 진젠도르프(Nikolaus Ludwig von Zinzendorf) 백작이 웨슬리를 영국 선교사로 인식했을 정도였다. 그런데도 웨슬리는 그들에게서 완벽히 등을 돌렸다.

1740년 모라비안들은 개혁적 정적주의자 몰더(Philip H. Molther), 찰스의 후견인 브레이(John Bray) 등과 극심한 갈등을 겪던 웨슬리에게 보복하려고 설교를 금지시켰다.

그러자 웨슬리는 지지자들과 함께 페터레인(Fetter Lane) 신도회를 탈퇴하여 파운더리(Foundery) 신도회를 창립하며 완벽하게 그들에게서 등을 돌렸다. 이 와중에 웨슬리는 옥스퍼드대학에서 만난 친구인 존 갬볼드(John Gambold)를 비롯해 심슨(Simpson), 옥스리(Oxlee), 스톤하우스(Stonehouse) 등과도 결별했다.

조지 휫필드

이후 페터레인 신도회는 몰락을 거듭했고, 웨슬리의 파운더리 신도회는 두 달 만에 20여 명에서 300여 명으로 성장했다.

다음 해에는 그토록 존경했던 진젠도르프 백작을 만나 '칭의와 성화는 동시적으로 발생한다'는 백작의 신학에 정면으로 도전했다. 1741년 9월, 결국 웨슬리는 모라비안들의 세 가지 오류(보편적 구원, 율법폐기론, 개혁주의적 정적주의)를 지적하며(vol.22:222~223) 그들과 연을 끊고 독립했다. 이에 따라 1745년 진젠도르프 백작은 '웨슬리 형제와 결코 관계를 갖지 않겠다'고 공식적으로 천명했다.[55]

웨슬리는 칼뱅주의 친구들과도 결별했다. 1739년 감리회 운동의 유명인이던 조지 휫필드는 브리스톨 사역을 접고 웨일즈를 거쳐 미국으로 갈 계획을 세웠다. 그래서 웨슬리에게 자신의 빈자리를 대신해 브리스톨 신도회를 돌봐주길 요청했다. 1739년 3월, 곧바로 브리스톨로 간 웨슬리는 가자마자 심각한 문제를 일으켰다.

우선 휫필드의 '칼뱅주의 교리'에 익숙했던 브리스톨 신도회 사람들은 웨슬리의 설교에 적응하지 못했다. 더 심각한 문제는 웨슬리가

---

55 케네스 콜린스, 『웨슬리 톺아보기』, 이세형 역 (신앙과지성사, 2016), 164.

예정론을 정면으로 비판하며 생겨났다. 댈리모어(Arnold A. Dallimore)는 이 문제를 "휫필드는 미국으로 떠나기 전 웨슬리에게 예정론에 대해 논쟁하지 말라고 충고했는데, 웨슬리는 휫필드가 떠나자마자 예정론을 반박하는 '값없는 은혜'란 설교를 출간하며 예정론을 정면으로 비판해 버렸다. 이것은 복음주의 계열에 국가 차원의 분열을 가져왔다."라고 기록했다.[56]

미국에서 휫필드는 자신의 신학적 견해를 적은 편지를 웨슬리에게 보냈고, 이후 둘은 편지로 토론을 계속했다. 그런데 1741년 영국에서 휫필드의 편지들이 출판되자 웨슬리와 신도회원들은 예배 중 이 책을 찢는 퍼포먼스를 진행했다. 조용히 문제를 해결하려던 휫필드 역시 이 사건에 흥분함으로써 둘의 싸움은 돌이킬 수 없는 강을 건너고 말았다. 두 사람의 개인적인 관계는 회복되었을지언정, 신학이나 사역으로는 영원한 평행선을 긋게 된 사건이었다.

이 사건으로 웨슬리는 휫필드는 물론 영국 내 부흥 운동의 최대 후원자였던 헌팅턴 백작 부인과도 결별했고, 오랫동안 곁에 있었던 평신도 설교자 존 세닉(John Cennick)과 조셉 험프리스(Joseph Humphreys)를 떠나보내야 했다. 세닉과 험프리스는 웨슬리가 휫필드의 책자를 공공장소에서 찢어버린 것에 보복하듯이 사람들 앞에서 웨슬리의 소논문 「예정론에 관하여」를 불태웠다.[57]

---

56 지평서원 편집부, 『조지 휫필드의 일기』, 엄경희 역 (지평서원, 2015), 705.
57 Richard Heitzenrater, *Wesley and the People Called Methodists*, 123.

인맥 관리와 인간 섭리

이 시기까지만 해도 브리스톨 회원들은 물론 런던의 파운더리 사람들조차 자신들을 '감리회원'이라고 인식하지 못했다.[58] 신도회 안에는 칼뱅주의자들과 모라비안들이 혼재했다. 웨슬리는 친구들과 결별하며 자신이 모라비안도, 칼뱅주의자도 아님을 대내외적으로 선언했다. 그리고 그들과 구별되는 자신만의 신학과 목회의 정체성을 천명했다. 엄청난 성령의 물과 불이 쏟아지는데, 다른 지도자들은 그것을 몸으로만 맞거나 오래된 도자기로 받아내려 했다. 하지만 웨슬리는 그것을 오롯이 담아내기 위한 거대한 강철 물탱크를 만들어 냈다.

그가 이 소동 중(1740)에 쓴 소논문 「감리교도들의 특징」과 「감리교도들의 원리들」에는 '감리회원'과 '감리회'에 대한 자기 정체성이 잘 드러난다.

웨슬리는 이 논문을 통해 모라비안이나 칼뱅주의자가 아닌 감리회원이 어떤 사람들이고, 감리회가 어떤 공동체인지 선포했다. 당시 맹위를 떨쳤던 모라비안 감리회나 칼뱅주의 감리회는 모두 기성 교단(칼뱅주의, 경건주의, 웨슬리주의)에 흡수되어 사라졌다. 하지만 웨슬리가 표방했던 아르미니안 감리회는 살아남아, 다양한 교단(우리나라만 해도 감리교, 성결교, 나사렛, 구세군, 예감 등)으로 여전히 왕성한 활동을 하고 있다. 웨슬리가 자기만의 브랜드를 세운 결과였다.

---

58 위의 책, 103.

우리는 늘 '세상'을 이야기한다. 우리는 세상과 다르다는 말이고, 달라야 한다는 말이다. 그런데 요즘 그리스도인들의 친구 관계를 보면 세상과 다를 것이 하나도 없다. 아니 세상보다 한술 더 떠서, 교회와 신앙을 통해 인맥을 늘려가며 비즈니스를 하고 선거를 치른다.

그렇다면 세상과 구별되는 그리스도인의 인간관계는 도대체 무엇이며, 세상과 다른 그리스도인의 친구 만들기는 무엇인가?

성서는 우리가 "평화의 띠로 묶여서 성령으로 하나 되었다(엡 4:3)"고 가르친다. 성령으로 하나 됨 안에는 학력도, 성격도, 동창 관계도, 그 어떤 이익이나 정치적인 관계도 없다. 그리스도인들은 바로 이러한 성령의 띠로 하나 된 사람들이다. 그런데 요즘에는 신학생들조차, 아니 목회자들조차 자신들의 인간관계를 동창 관계나 정치적인 관계로 만들어 놓는 일이 다반사다. 그리고 이것을 자랑인 양 누리면서도 부끄러운 줄 모르는 사람들도 있다. 하나님이 주신 성령으로 하나 된 관계를 '세상의 인맥'으로 바꾸지 않도록 노력해야 한다.

우리는 사람을 잃지 않으려고 속내를 말하지 않는다. 그런데 웨슬리는 자신의 다른 믿음을 크게 발설했다. 친구 간의 싸움도 마다하지 않고 감리회를 세웠다. 웨슬리는 결별한 사람들을 근본적으로 미워하지 않았다. 웨슬리에게는 친구들을 등지는 인간적인 괴로움보다 자신의 신학적 확신과 하나님의 섭리에 대한 소명이 더 간절했을지도 모른다. 그러나 우리에게는 하나님의 뜻보다 경조사를 챙겨 주고, 내게 한 표를 행사하며, 장수하는 데 도움을 줄 동기, 동향, 동문이 더 절실하다. 그래서 우리는 귀와 입을 닫아야 한다.

웨슬리 따라
생태감수성 계발하기

사건 1: 시집보내는 날

"에이고, 그렇게 애지중지하더니…. 쯧쯧." 며칠 전 오랫동안 정들었던 자동차를 시집보낸다고 하니 아내가 내게 한 말이다. 무생물임에도 불구하고 나는 애착하던 물건과 교감을 느낀다. 찢어진 청바지에도 그러니 자동차야 오죽하겠는가? 새 차를 사면 좀 희석되겠지만, 나는 아직 새 차를 살 계획이 없다. 예식장에서 손을 넘겨주기 전까지는 심란한 마음을 가눌 길이 없는 것이다. 시집보내는 날까지 열심히 기념사진을 찍으며 함께 전국을 떠돌아야겠다.

사건 2: 달밤에 체조

"긴급상황입니다! 불쌍한 초보를 도와주세요!" 이미 시곗바늘은 새벽 1시에 가까워지고 있었다. 물고기를 데려오려고 어항을 화려하게 꾸미고 교과서대로 근 보름간 철저한 준비를 했다. 그리고 그날, 드디어 흰줄납줄개와 떡납줄갱이 치어를 구해 어항에 넣었다.[59]

---

[59] 흰줄납줄개와 떡납줄갱이는 납자루아(亞)과 한국 민물고기이다.

앙증맞은 녀석들이 물속을 살랑살랑 날아다니는 모습에 넋을 잃고 바라보다 잠자리에 들었다. 얼마나 지났을까? 한밤중에 눈이 떠졌는데 또 녀석들이 궁금했다. 거실 수조로 갔더니 이게 웬일인가! 녀석들이 집단으로 물 표면에 줄을 서서 요단강행 유람선 승차권을 끊고 있었다.

부랴부랴 컴퓨터를 열고 동호회에 접속했다. 손은 떨리고, 손바닥에는 땀이 고였다. 게시판에 "도와주세요!"를 연발한 뒤 누군가가 접속하길 기다렸다. 이미 새벽, 찰나가 여삼추였던 기다림 속에 구원의 댓글 알림이 울렸고, 그때부터 새벽 채팅이 시작되었다. "기포기 용량을 잘못 계산하신 것 같네요. 산소량이 부족합니다. 얼른 환수해주고 오십시오. 기다리겠습니다."라는 쪽지가 왔다.

지금은 원숙해졌지만 그때는 물생활 생초보. 부랴부랴 어항의 환수를 시작했다. 거실에는 흥건하게 물이 고였고, 젖은 잠옷은 야한 수영복이 되어버렸다. '달밤에 내가 뭐 하는 짓인가!' 하는 생각 속에서 환수를 얼추 다 끝내니 새벽 3시였다. 임무완수를 보고 받은 무명의 고수는 다행이라며 후속 조치를 알려주고 접속을 끊었다.

나는 거실 불을 켜 놓은 채 소파에서 새우잠을 잤고, 그나마도 자주 깨어나 수족관 상점이 문을 열 때까지 가슴 졸이며 부분 물갈이를 계속했다. 나 같은 왕초보를 위해 잠도 마다하고 밤새 함께해준 그분이 얼마나 고마운지 쪽지를 보내 앞으로 물생활의 멘토로 삼겠다고, 그리고 시간 되면 꼭 식사를 대접하고 싶다고 요청했다. 나의 제안을 완곡히 거절하던 스승이 북한의 김정은도 두려워한다는 '중2'였음을

알게 된 것은 물생활을 시작한 지 6개월이 지나서였다.[60]

사건 3: 눈물로 간을 맞춘 비빔밥

하산하니 이미 오후 2시가 넘었다. 그때야 허기를 느껴 둘러보니 비빔밥집이 있었다. 한겨울 햇살 가득한 창가에 해를 마주하고 앉았다. 잠시 후 종업원이 내 앞에 비빔밥을 내려놓았는데, 비빔밥을 본 순간 그만 눈물이 왈칵 쏟아져 밥을 먹을 수가 없었다.

온갖 나물들이 참기름을 바르고 오후 햇살 속에 반짝반짝 빛나고 있었다. 도톰한 콩나물이 제일 반짝였다. 썰어 놓은 호박은 광택을 뽐내고, 시금치도, 고사리도, 버섯도 모두 보석처럼 빛났다.

'저 호박 하나를 키우려고 농부는 이른 봄부터 씨를 뿌리고, 하나님은 햇빛을 주시고 때마다 물을 주셨겠구나.'

개미와 곤충들은 흙을 헤집어 뿌리에 산소를 공급하고, 거미들은 해충을 차단해 호박이 상처받지 않게 하고, 바람은 좌우로 호박 가지를 흔들며 운동시키시고…. 그 작은 호박 하나를 키우려고 온 자연이 몇 달간 우주적인 협력을 했다. 그리고 그 귀한 호박이 내 생명을 위해 아무런 대가 없이 자신을 내어 주려고 내 앞에 놓여 있었다. 이 우주적인 노력을 입에 넣는 나는 그렇게 사랑받는 귀한 존재였다.

얼마나 귀한지, 얼마나 아름다운지, 얼마나 사랑스러운지, 얼마나

---

60 『샘(제38호, 2014)』, 34~35 요약. 지금은 대학을 졸업하고 어엿한 사회인이 되었다.

감사한지. 그리고 또 얼마나 미안한지, 그 감정이 흘러넘쳐 꺼이꺼이 울음이 나왔다. 밥을 입에 넣을 수가 없었다. 감사와 기쁨의 눈물을 흘리다 나를 흘깃흘깃 쳐다보는 주변 아줌마들을 의식하고 눈물 반, 밥 반의 식사를 마쳤다.

하나님이 창조하신 이 세상은 얼마나 멋지고 아름다운가.[61]

체험이 일깨운 감수성

나는 동물, 어류, 곤충에 대해 할 말이 참 많다. 서울에서 나고 자랐지만, 아버님의 영향으로 어린 시절부터 많은 반려동물을 길렀다. 많게는 한 번에 6마리의 강아지를 기르기도 했고 사랑앵무, 십자매, 문조, 카나리아, 땅닭, 메추리, 공작비둘기, 꿩, 금계와 같은 중소형 조류는 100여 마리 이상을 키웠다. 학교 앞에서 파는 병아리들은 내 손에만 오면 거대한 장닭으로 자라났다. 초등학생 때 조류 번식을 성공시켜 동네 애완동물가게와 지속적인 거래를 했을 정도이니 나의 동물 키우는 솜씨도 꽤 괜찮았던 것 같다.

중학교 때부터 우리 집은 북한산 국립공원 안에 있었다. 여름날 낮이면 다람쥐와 새가 집안으로 들어와 난장판을 치고, 밤이면 엄청난 곤충들이 몰려들었다. (창)문을 열어놓지 못할 정도였다. 곤충 채집을 위해 커다란 나무 판에 설탕물을 발라서 불 켜진 현관 아래에 놓

---

61   이충범, 『노래로 듣는 설교』 (대한기독교서회, 2011), 78~80에서 요약.

웃는 돌고래 상괭이(일명 시욱지) ⓒ한겨레

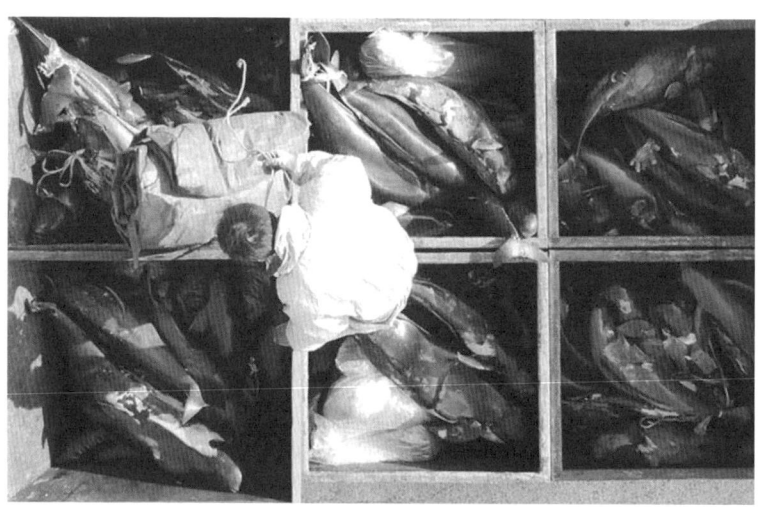

혼획되어 죽은 멸종위기종 상괭이들

고 자면, 다음날 아침 마치 끈끈이에 파리가 붙듯 엄청난 양의 하늘소류, 딱정벌레류, 그리고 어른 손바닥보다 큰 나방들이 붙어 있었다. 나는 녀석들을 소중하게 모아 표본으로 만들곤 했다.

여름이면 할아버지, 할머니 댁의 갯벌에서 놀았다. 갯벌은 늘 시끌벅적했다. 대나무를 하나 잘라 낚싯바늘을 묶고, 미름챙이[62]를 미끼로 썼다. 미끼가 바닥나면 러닝셔츠를 작게 찢어서 미끼로 썼는데, 이렇게 해도 1시간에 70~100마리의 망둥이를 잡았다. 투망을 가져가면 무거워서 도저히 집에 가져올 수 없을 만큼 많은 숭어를 잡았다. 신비에 싸여 있던 시욱지가 나타나면 그날은 복권이 당첨된 듯했다.

일 년에 수백 마리가 안강망에 걸려 죽어가는 한국 고유종 돌고래, '웃는 돌고래'라는 별명을 가진 상괭이가 바로 시욱지다. 나는 바다를 떠도는 상괭이 사체를 상상하거나, 수산시장 창고 안에 상괭이 사체를 쌓아둔 모습을 보면 분노와 눈물을 참을 수 없다. 어릴 때부터 동물에 친숙했으나 전문적으로 물고기를 키워본 적이 없던 내가 물고기, 그것도 우리나라 고유종 물고기를 키우고 보호하기 시작한 것은 단군 이래 한반도 최대의 국책사업을 한다며 강바닥 6미터를 뒤집었던 우리나라 대통령 덕분이었다.

피조물은 물론 인간의 공감각조차 퇴화하였다. 돈에 눈이 멀어 제 몸인 줄도 모르고 꼬챙이로 미친 듯이 지구를 쑤셔댄 결과, 지

---

62 민챙이라고도 부르며, 갯벌과 같은 색의 징그러운 복족강의 연체류로 과거에는 갯벌 바닥을 뒤덮었으나 현재는 통 보이지 않는다.

금 우리별은 불타고 있다. 수많은 사람이 소리 높여 생태계의 위기를 외친다. 나 같은 신학자들은 스튜어트십(stewardship)이니, 에코페미니즘(ecofeminism)이니, 가이아 이론이니, 인터커넥티드니스(interconnectedness)니, 인류세니 하면서 생태 위기를 통해 연구 실적을 올리고 연구비 혜택을 받지만, 세상을 아니 교회조차도 바꿀 능력이 없다. 그러면서 여전히 일회용 생수병과 커피 컵을 들고 다니고, 프린터에서 원고를 뽑아내며, 시간이 날 때마다 비행기 여행을 계획한다. 환경은커녕 물고기나 강아지, 숲이나 바다에 별다른 관심조차 없다. 이런 상황에서 3백 년 전 웨슬리에게 뭘 배울 수 있겠는가.

사람 놀라게 하는 웨슬리

솔직히 나도 웨슬리를 한결같이 감싸주기는 쉽지 않다. 게다가 나는 웨슬리 같은 성격의 인물과는 궁합이 맞지 않는 사람인지라, 웨슬리를 늘 성공적으로 변증하는 이들이 부럽다.

웨슬리도 사람이었다. 단점도 있고 가끔은 큰 잘못도 저질렀다. 또한 그는 매우 정치적인 인물이었다. 웨슬리의 말이나 행동에는 덕은커녕 엄청난 비난과 혐오를 받아야 할 만한, 도저히 글로 옮길 수 없는 내용도 무척 많다. 웨슬리에서는 사귀거나 결혼했던 여성에 대한 젠더 감수성은커녕, 사랑하는 여성을 독립된 인격으로 대하는 태도조차 찾기 힘들다. 3백여 년 전에 살았던 그런 웨슬리에게 생태 감수성을 찾는다는 것이 과연 타당할까?

과거 나는 우리 사회에서조차 이제 막 거론되기 시작한 동물권이나 생태 감수성 같은 것들이 웨슬리에게 있으리라고는 상상하지 못했다. 생각해 보면 그 시대는 만 3~4세 아이들을 노동에 동원하던 시기였다. 좁은 공간에서 석탄을 캐려고 아이들을 그 작은 구덩이에 집어넣던 시대였다. 당시 런던의 평균수명이 49세였던 반면, 광공업 지역인 리버풀의 평균수명은 15세, 맨체스터는 17세, 볼튼은 18세, 리즈는 22세였다. 당연한 결과였다.

우리는 '중세시대 평균수명이 30대 초, 중반'이라고 하니, 중세시대 사람들은 모두 그 나이쯤 죽었다고 생각한다. 하지만 이는 우리의 착각이다. 소크라테스(socrates, B.C. 469~399)는 71세 생일 직전에 사형을 당했고, 성 안토니우스는 105세에 사망했다. 4~5세기 성 아우구스티누스는 77세, 성 히에로니무스는 73세, 6세기 성 그레고리 대종은

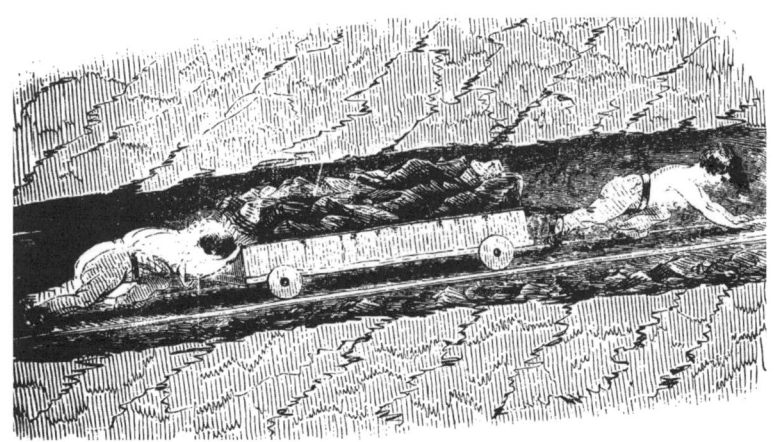

갱차를 끄는 어린이들 ⓒ 영국 국립석탄박물관

64세, 성 베네딕트는 68세, 11세기 힐데가르트 폰 빙엔은 82세까지 살았다. 중세 유럽의 평균수명이 30대인 것은 당시 영유아 사망률이 60%가 넘었기 때문으로, 당시 30대까지 생존한 사람은 천수를 다 누렸다.

그러니 한 도시의 평균수명이 20세 전후라는 사실은 그 도시의 환경이 얼마나 열악했는지 상상하게 한다. 참고로 아이들의 노동을 금지하는 공장법(줄여서 Factory Act)이 처음 제정된 것은 1802년이다. 그마저도 9세 미만 아동의 노동이 금지되었을 뿐이다.

이런 시대를 살던 웨슬리의 머릿속에서 생태 감수성이나 동물권을 찾는다는 것은 어불성설이며 말도 안 되는 발상이라 생각할 수 있다. 그런데 웨슬리는 늘 나를 놀라게 한다. 길게 설명할 필요 없이, 웨슬리의 말을 직접 들어보자.

"인간의 편의를 위해 동물들에게 최소한의 수고를 하게 하는 것보다 더 많은 수고를 동물들에게 부여하는 것은 자연의 법칙에 어긋나고 비인간적인 것 아닌가요? 인간의 합리적인 이성으로, 다른 피조물들의 생명이나 불행을 걸고 스포츠를 즐긴다는 것이 말이나 되는 것입니까? 인간의 위대한 법인 평등법을 동물들에게 확대할 수는 없을까요? … 존귀하신 분께서 동물들에 대한 학대를 금하라고 명령하지는 않으셨던가요? 그리고 그분은 동물들도 일하고 난 후 안식해야 한다고 명령하지 않으셨던가요? 이유 없이 가축을 때리는 것은 오히려 예언자를 꾸짖는 꼴이 되는 것이 아닐까요?(vol.21:68)"

웨슬리는 흑인을 인간으로 인정하지 않으려던 시대에 살면서도 현대인, 그것도 가장 문명이 발달한 선진국의 사람들이 가졌을 법한 생태 감수성을 가지고 있었다. 그는 우리나라 구석구석에서 여전히 불법이나 편법으로 벌어지는, 혹은 지역 전통이라는 가면 뒤에서 벌어지는 동물의 생명을 담보하는 오락을 극단적으로 혐오했다(4권: 139~143).

웨슬리는 특히 말과 개와 깊이 교감했다. 평생 18마리의 말을 돌본 웨슬리는 말을 '순종적이고 충성을 다하는 유순한 동물', '이 땅에 사는 동안 엄청난 고통과 고생을 겪는 가련한 동물'이라고 표현했다(5권: 157). 그리고 모든 동물이 심판의 날, 천국에서 인간과 같이 하나님을 알고 사랑하고 즐길 수 있다고 확신했다(5권: 157~161). 설교자들에게는 고생하며 그들을 태워주는 말에게 친절히 대하고 사랑스럽게 쓰다듬어 주라는 지침을 내렸다.

동물에 대한 웨슬리의 태도는 단지 말에 대한 교감 때문만은 아니었다. 웨슬리는 동물과 자연에 대한 완벽한 신학적 신념을 가지고 있었다.

웨슬리의 설교 '우주적 구원(The General Deliverance)'은 현대를 사는 우리를 놀라게 한다. 원숙한 노년기인 70세의 웨슬리는 "감각을 가진 모든 피조물은 인간과 똑같이 쾌락, 고통, 행복, 불행을 느끼며, 이런 피조물들 모두에게 하나님의 사랑이 두루 넘친다."라고 선포했다. 또한 웨슬리는 피조물의 처참한 상황은 모두 인간의 불순종으로 생긴 결과인데, 인간은 오히려 이들을 학대한다고 생각했다. 다시 말하면 웨슬리는 동물들이 이중으로 고통을 겪고 있다고 보았다.

따라서 웨슬리는 마지막 날, 이 땅에서 고통받는 동물들이 지상에서 받지 못한 보상을 천국에서 받을 것이라고 확신했다. 여러모로 웨슬리는 21세기를 사는 우리를 놀라게 한다.

하지만 우리의 수준은 "삼겹살이나 소고기는 왜 먹냐?"며 개 식용 반대론자들을 공격하고, "생명이 있는 고사리도 먹지 마!"라고 비건들을 윽박지르고, 고유종 민물고기를 '잡어'라고 부르며 치어까지 모두 잡아 수제비를 끓여 먹으며 우리의 전통, 천렵이라 칭송하고, 숲을 보존하기는커녕 "이 동네 사람들 먹고 살기도 힘든데 큰길도 뚫고 관광객도 유치해야 한다."라며 포크레인으로 숲의 심장을 쑤셔대는 정도에 머물러 있다.

아마 3백 년 전의 웨슬리가 지금 이 나라에 있다면 한국인들, 심지어 웨슬리언에게도 돌을 맞았을지 모른다.

우리 숲, 우리 강, 우리 물고기와 벌레를 살리자

허병섭 목사는 억압받는 모든 것을 민중이라고 정의했다. 그래서 그는 현재 가장 억압받는 흙, 땅, 나무, 자연이 진정한 민중이라고 했다. 감리교회는 영국에서건, 웨일즈에서건, 아일랜드에서건, 미국에서건 태생적으로 하층민(middle-low class)의 종교였다. 감리회는 항상 억압받는 민중의 친구였다. 우리가 그들의 친구였을 때 우리는 세계 최강국이자 최고의 부국을 힘이 아닌 사랑으로 지배했다.

굴포천 생태 하천 조감도

  우리나라의 도로 보급률은 이미 100%를 넘어섰고, 도로 건설을 반대하는 똑똑한 국민도 점점 더 늘어간다. 그래서 토목공사를 꼭 해야만 하고, 많이 하고 싶어 하는 집단은 보이지 않는 물속으로 눈을 돌렸다. 우리나라에는 이미 1만 8천여 개의 댐이 있지만 사람들은 이 사실을 잘 모른다. 댐과 저수지를 만들 곳이 없어지자, 이제는 주민들에게 저수지, 보, 댐을 만들고 싶으면 신청하라는 공모까지 진행했다.[63]

  '생태 하천'이라는 작업도 시작했다. 굽은 강을 펴 직선으로 만들고, 강 옆에 걷는 길과 자전거 길을 만들었다. 그랬더니 물이 깨끗해지고, 모기도 줄고, 냄새도 안 나고, 큰 물고기들이 돌아왔다며 하천

---

[63] '댐 희망지 신청지 가이드 라인' (국토교통부, 2016년 10월) 참고.

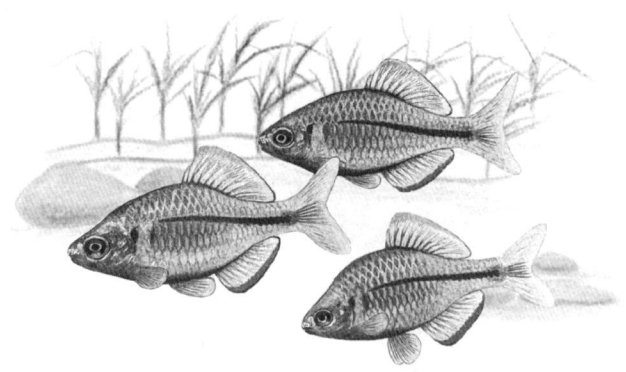

아름다운 우리물고기 떡납줄갱이

이 살아났다고 난리다. 하천에서 매일 산책을 하고 자전거를 타는 시민들도 크게 만족하는 분위기이다.

그런데 정작 그런 공사가 하천 생태계를 말살시킨다는 전문가들의 주장은 묵살되었다. 코로나 와중, 인구가 7만 명도 안 되는 작은 도시에 550억을 넘게 들여 생태 하천을 만들었다. 생태하천은 '생태 (말살하는) 하천'을 말한다.

우리나라에는 약 200여 종의 민물고기가 서식한다. 이중 30% 가까이 되는 61종이 오직 한반도에만 서식하는 고유종이다. 우리나라보다 97배 면적이 큰 중국의 경우 고유종은 고작 7.5% 정도이고, 1.8배 큰 면적의 일본에는 8.15%의 고유종이 서식한다. 이에 비하면 우리나라 물고기는 대부분이 한반도에만 사는 고유종이다. 우리나라에서 사라지면 지구에서 사라진다. 이들을 살려야 한다. 이들을 살리는 것이 곧 우리와 우리 후손을 살리는 길이다.

맘모니즘(mammonism)과 천민자본주의는 종말 때까지 망하지 않는다. 사탄이기 때문이다. 우리는 지옥에 가지 않으려고 열심히 기도하면서도 이 땅을 이글거리는 지옥으로 만들어 우리 자손들을 불타는 지옥 속에 처넣고 있다. 2023년 4월 28일 오늘, 방콕의 체감 기온은 영상 52도였다. 38.8도를 기록한 스페인 세비야에서는 관광객을 태운 말이 쓰러져 죽었다.

　그러한 요즈음, 우리나라는 중지했던 지리산 순환 산악열차와 설악산 케이블카 공사의 시행을 확정하고 주변을 파내기 시작했다. 다들 천국에 돈을 갖고 가려는지, 일확천금의 꿈에 부풀어 있다. 이제 곧 지리산과 설악산에 날카로운 포크레인 삽날이 꽂힐 것이다.

석재채굴로 사라진 백두대간 자병산

웨슬리 따라
지성과 영성 균형 맞추기

어두운 A형과 위태로운 B형

1980년대 후반의 일이다. 지독한 날이었다. 짜증과 분노가 극에 달해 죄가 되지 않는다면 아무나 붙잡고 싸움이라도 하고 싶은 심정이었다. 만사가 귀찮아 귀가하려 신촌역 지하도를 걸어가는데 누가 내게 말을 걸었다.

"혹시, 도(道)에 대해서 들어보신 적 있으신가요?"

나를 포교하려던 앳된 청년은 그날 오히려 내게 붙잡혀 호된 말 폭탄을 맞고 귀에 딱지가 앉도록 설교를 들었다. 결국 "형님, 한 수 가르쳐 주십시오."라며 백기를 든 그에게 나는 "일 년 이상 교회에 다닌 후 배우러 오라."고 말했다.

소강절(邵康節)의 『상수역학』, 일부(一夫)의 『정역』, 증산의 『대순전경』 등에서 발췌해 버무린 단편적 지식만을 가진 그는, 당시 동양학에 매료되었던 시건방진 내겐 시쳇말로 한 입 거리밖에 되지 못했다. 나는 불쌍한 그에게 그날의 스트레스를 말끔히 풀었다.

'배우기만 하고 생각하지 않기에 얻음이 없다(學而不思則罔).'[64] 즉 단편적으로 지식과 정보를 습득할 뿐 이를 지속해서 성찰하지 않는 사람을 나는 'A형'으로 분류했다. 이들은 성경을 달달 외우는 이단이나 소종파의 전도자들처럼 무식하고 어두워진다(罔).

고등학교 2학년 때의 일이다. 고등부 회장인 나를 고3 선배가 불러냈는데, 나는 내심 기다리고 있었다. 입시 지옥에 시달리던 고3들이 하나둘씩 이상한 집회에 나가더니 모두 눈빛이 달라져 돌아왔다. 학생 집회를 할 때면 몰려와서 교회 천장이 들썩거릴 정도로 방언 기도를 했다.

하지만 정작 이들은 교회생활도 열심히 하지 않으면서 목사님과 전도사님을 은근히 비난하거나 깎아내렸다. 나는 이 고3 패거리들을 내심 마뜩잖게 생각하고 있었다. 그날 나를 불러낸 선배는 그중에서도 '비행 청소년'으로 유명한 학생이었다.

그는 산기도를 하는 중에 예수님이 나타나셔서, '우리 교회 학생회가 부흥하려면 이 머시기란 회장 녀석이 변해야 한다'고 알려주셨으며, 이 말씀을 전하려고 한걸음에 달려왔다면서 나를 윽박질렀다. 졸지에 마귀가 된 나는 호기심에 되물었다. "예수님이 어떻게 생기셨어?" 그는 거룩한 표정으로 벽의 그림을 가리키며 "완전히 저 모습 그대로 나타나셨어!"라고 답했다.

---

64 『논어』(論語), 위정편(爲政篇).

샐먼이 상업적 이미지를 융합해 그린
예수님의 상상화

그가 가리킨 곳에는 1940년대 기독교 상업 미술의 천재 워너 샐먼(Warner E. Sallman)이 당시 유명 모델을 보고 그렸다는 작품이 걸려 있었다. 미안하게도 나는 그만 '풉' 하고 웃어버렸고, 결국 그에게 '마귀'란 말을 들었다.

'B형'은 지식은 채우지 않은 채 기도만 하므로 위태롭다(思而不學則殆). 결국, 그는 대학에 가자마자 다시 날아다니는 대학생이 되었고, 지금은 부도덕한 졸부로 온갖 악행을 일삼으며 산다. 물론 교회나 주님을 비웃고 산 지 오래다.[65]

---

[65] 상세한 이야기는 이충범, 『중세 신비주의와 여성』(동연, 2011), 75~78.

균형을 알던 웨슬리

사색과 성찰 없이 공부만 열심히 하면 오히려 무식해지고 시야가 어두워진다. 가끔 일류대학 출신인 것이 믿어지지 않을 만큼 무식한 사람들이 있다. 변화하는 세상을 이해하지 못한 채 '개방, 개혁 반대'만을 외치던 유생들도 있었다. 이는 배운 것을 머릿속에 집어넣기만 하고, 곱씹어 사색하거나 성찰하지 않아서 생긴 결과이다. 즉 지적 활동을 중단해 생긴 사례들이다.

우리는 가끔 자신의 개똥철학이나 성서 해석을 교조적으로 설파하는 이들을 만난다. 이는 앞의 사례들과는 반대로 객관적이고 과학적인 지식의 지속적 습득은 게을리한 채, 자신의 논리만으로 세상을 파악했다고 믿는 사람들이다. 위태롭다 못해 매우 위험한 이들은 '알파(α)'이다. 종교에서 A형과 B형이 결합하고 알파(α)가 더해지면 이단 중에서도 가장 강력한 이단이 된다.

성경 공부만 하면 진리를 얻지 못하고(A), 묵상만 하면 위태롭고(B), 기도만 하면 위험하다(α). 지식이 부족하면 세상에 뒤떨어지고, 묵상이 부족하면 무식해지고, 기도 없는 지식과 묵상만으로는 인격을 변화시키지 못한다. 즉 그리스도를 닮아갈 실천적 힘이 생겨나지 않는다. 건강한 그리스도인으로 살려면 꾸준한 지적 활동, 지식과 정보, 삶에 대한 사색과 성찰, 그리고 깊은 기도의 균형을 이뤄야 한다. 자랑스럽게도 이 방면에서 존 웨슬리만 한 본보기가 없다. 나는 이 측면에서 루터나 칼뱅을 얼마든지 웨슬리와 비교할 수 있다.

웨슬리는 누가 뭐래도 복음주의자였다. 다만 웨슬리의 복음적 체험 신앙이 워낙 강조되다 보니, 지독한 독서광이었던 그가 학문에 얼마나 큰 애착을 가지고 있었는지 간과하곤 한다. 또한 우리는 유행처럼 웨슬리의 독서를 단지 '영적 독서'로만 받아들이고 있다. 그러나 웨슬리는 영적 독서 뿐 아니라 일반 학문에 관한 관심도 지대한 사람이었다.

옥스퍼드 시절부터 웨슬리는 엄청나게 많은 양의 책을 읽었다고 알려져 있다. 당시 웨슬리는 분야를 가리지 않고 많은 책(200~400여 권)을 읽었는데 이는 책이 흔하지 않던 시절임에도 불구하고 웨슬리가 그 시대의 신학, 철학, 문학, 과학적 논쟁에 정통했던 이유였다. 웨슬리는 철학의 존 로크, 물리학의 아이작 뉴턴, 전기공학의 벤저민 프랭클린과 윌리엄 왓슨, 의학의 조지 체니, 경제학의 애덤 스미스 등의 저서와 논문을 지속해서 읽어냈다.

웨슬리의 독서량보다 더 나의 관심을 끈 것은 독서에 대한 그의 열정이다. 웨슬리가 얼마나 바쁘게 살았는지 우리는 잘 알고 있다.[66] 웨슬리는 바쁜 와중에도 독서에 대한 강한 열정과 새로운 지식을 습득하고자 하는 의지를 불태웠다. 그는 짬을 내어 책을 읽기 위한 기발한 아이디어를 늘 궁리했고, 개발했다. 또 별것도 아닌 그것을 마치 대단한 발명이나 한 것처럼 기록했다.

한창 학위 논문을 쓰던 중 아버님께 전화가 왔다. 선친께서는 내게

---

66 이 책 221~222쪽 참고.

메모지와 잘 나오는 사인펜을 잠자리에 가까이 놓고 자라고 조언하셨다. 나는 깜짝 놀랐다. 그 당시, 꿈에서 논문의 아이디어들이 막 떠오르는데 아침에 일어나면 무슨 내용인지 기억이 나질 않았기 때문이다. 그래서 머리맡에 종이와 연필을 놓고 자다가, 꿈에서 아이디어가 떠오르면 종이에 적어 두었다.

아침에 일어나 확인하니 흐릿한 연필로 잠결에 쓴 내용을 전혀 알아볼 수 없었다. 내가 겪을 시행착오를 마치 동영상을 본 것처럼 예측한 아버님의 조언은 나를 놀라게 했다. 사실 이것이 놀랄 일은 아니다. 그러나 고민 끝에 나온 작은 아이디어는 같은 고민과 경험을 가진 사람들에겐 생각보다 큰 기쁨이자 놀라움으로 다가오는 법이다.

웨슬리는 걸으면서 책을 읽는 데 아주 익숙했다. 청년 시절 웨슬리는 동생과 함께 옥스퍼드에서 고향까지 도보 여행을 떠났다. 이때 그가 발견한 것이 일사병 증상 없이 책을 읽으며 걸을 수 있는 거리가 16~20㎞ 정도라는 사실이었다.[67] 이 발견으로 우리는 적어도 웨슬리가 걸으며 책을 읽는 데 매우 익숙했고, 가끔 책에 몰두하며 걷다가 일사병 증상을 겪었다는 점을 알 수 있다. 독서에 갈급했던 웨슬리는 일반인에게는 별것 아니게 보이는 이러한 내용조차 일기에 소중하게 기록해 두었다. 독서에 대한 그의 열정은 나이가 들었어도 약해지지 않았다.

---

[67] Luke Tyerman, *The Life and Times of the Rev. John Wesley vol. 1* (London: Hodder and Stoughton, 1870), 80~81. 무료로 열람 및 다운로드 제공.

말에 앉아 독서하는 웨슬리

 1752년 아일랜드의 연회에 참여하려고 승선한 배 위에서 웨슬리는 파스칼(Blaise Pascal)의 『팡세(Pensées)』를 읽었다. 1735년 조지아로 가는 배 위에서 매일 독서와 독일어 공부를 했던 웨슬리에게는 흔들리는 배 위에서 공부하는 것 따위는 이미 아무것도 아니었다. 배 위에서 팡세를 읽은 웨슬리는 깊은 신앙인이자 수학자였던 얀센주의자(Jansenism) 파스칼의 신앙관에 깊게 공감했고, 이후 같은 프랑스인이자 계몽주의 이신론자였던 볼테르(Voltaire)를 파스칼과 비교하며 비판했다(vol.20:441).

 바쁘게 살았던 웨슬리의 독서 열정은 말 잔등에서의 독서와 마차에 대한 그의 관심에서도 나타난다. 평생 말을 타고 여행했던 웨슬리는 말 위에 앉아 있는 시간이 너무나도 아까웠던 나머지, 말 잔등에서도 책을 읽었다. 말에서 수없이 떨어지며 그는 30년 동안 말 잔등

독서를 연구했고, 결국 방법을 터득했다. 고삐를 꽉 잡지 않고 말의 목에 고삐를 걸어 놓는 것이 가장 좋은 방법임을 발견한 것이다. 그렇게 하면 독서에 열중하면서 10마일을 가도 책 읽는 동안에 말이 비틀거리지 않았다.[68] 더 나이가 들어 마차를 구입한 웨슬리는 마차 안에 책장을 짜 넣고 독서실로 사용하였다.

하이젠레터(Richard Heitzenrater)에 의하면 웨슬리는 배움에 대한 사랑과 경건의 중요성을 동시에 강조했다. 이러한 웨슬리의 신념은 킹스우드학교 개교식에서 불렸던 찰스 웨슬리 작 찬송가 가사에 잘 나타나 있다. "오래 떨어져 있던 짝을 다시 하나로 맞추어라. 지식과 꼭 필요한 경건을."[69] 웨슬리는 결국 1749년부터 1755년까지 설교자들이 반드시 읽어야 할 책들을 묶어 『기독교문고(The Christian Library)』라는 제목으로 출간했다.

웨슬리를 닮은 독서 벌레들의 탄생

중학교 2~3학년 때부터 감리교인으로 살았지만 나는 교회에서 "열심히 공부하는 것이 감리교인이 되는 길이다."라는 말을 들어본 기억이 없다. 이는 우리나라 웨슬리언 교회가 역사적으로 복음주의 일변

68　*The Journal of the Rev. John Wesley*, vol. 5, eds. Nehemiah Curnock and Robert Culley (London: Epworth, 1916), 360~361. 이 자료는 openlibrary.org에서 무료로 제공.

69　Richard Heitzenrater, *Wesley and the People Called Methodists*, 219.

도의 신앙을 받아들였기 때문이다. 신학교에서 학생들을 가르칠 때도 "교회 일 때문에…."라는 조건이 붙으면 모든 것이 양해된다. 단 하나의 조건, 그 조건 때문에 내 심사가 뒤틀린다.

너무 바빠서 공부할 시간은커녕 기도할 시간도 없다는 말에는 부아가 치민다. 나는 지금도 광화문에 다녀오는 버스 안에서 작은 살림 문고 한 권을 다 읽고, 목욕탕에서는 그날 하루의 기도를 충분히 하고 나온다. 과도한 지적 호기심은 나의 고질병이기도 하지만, 적어도 요즘 젊은이들은 이전 세대보다 독서를 즐기지 않으니 하는 말이다.

무식하지 않으려면, 위태롭지 않으려면, 위험하지 않으려면 우리는 존 웨슬리를 따라 지식과 정보의 충분한 습득, 풍요로운 묵상, 깊이 있는 기도 사이에서 균형을 잡아야 한다.

나 역시 균형이 잘 잡힌 그리스도인이 아니라는 사실을 알고 있다. 다만 나는 내게 무엇이 부족한지 잘 안다. 지식이 부족하면 세상에 뒤떨어지고, 묵상이 부족하면 무식해지고, 기도 없는 지식과 묵상만으로는 인격이 변화되지 못한다. 즉 그리스도를 닮아갈 실천적 힘이 생겨나질 않는다.

웨슬리처럼 균형 잡힌 그리스도인이 아니더라도 우리는 이 사실을 받아들이고 무엇이 부족한지 고민해야 한다. 그리고 부족한 것을 채우고자 노력해야만 한다. 미래의 웨슬리언들은 사부 존 웨슬리를 닮은 균형 잡힌 그리스도인이 되기를 소망한다.

웨슬리 따라
투자하기

미안하게 어떻게 집을 사

큰 교회에서 사역하시는 유명한 목사님의 설교를 들었다. 집회 후 내가 느낀 감동을 아내에게 나누었는데, 나보다 훨씬 더 믿음이 좋은 아내는 시큰둥했다. "왜? 왜 그래?" 궁금해하는 나에게 아내는 "목사님 손목의 시계를 보니 말씀이 전혀 은혜롭지 않더라."고 대답했다. 어리둥절했던 나는 "설교는 설교지, 왜 시계를 걸고넘어지냐."고 따졌다. 그러자 아내는 나를 빤히 보며 "그거 못해도 2, 3천은 할걸?"이라고 말했다. 나는 고개를 떨구었다. 1993년도의 일이다. 그리고 나는 이제 졸부의 상징이 된 그 시계를 알고 있다.

개척 후 20년, 교인 수가 족히 만 명은 된다는 교회의 목사님을 동네에서 우연히 만났다. 목사님은 활짝 웃으시며 내게 악수를 청했다. 간단한 인사를 나누고 헤어진 뒤 나는 아내에게 목사님 칭찬을 했다. "여보, 저 목사님 참 소탈하시네. 그 큰 교회 목사님이 평일에 저렇게 너덜너덜한 청바지를 입고 다니시다니….” 내 말을 들은 아내는 '픽' 하고 웃으며 말했다. “당신 눈엔 300만 원도 넘는 청바지가 누더기로 보여?” 몇 년 후 나는 유명 호텔에 갔다가 그 호텔에만 있다는 누더기 청바지 매장을 보았다. 목사님의 청바지가 생각난 나는 직접 가격을 확인했다. 누더기 바지가 그렇게 비싸다는 것이 도무지 이해되지 않았다. 2002년 즈음의 일이었다. 나는 여전히 그 브랜드를 알지 못한다. 누더기 같은 바지였다는 것만 기억할 뿐이다.

주일마다 아내를 옆에 태우고 교회에 간다. 그런데 한 달에 두세 번 정도 마주치는 고급 차가 있다. 못해도 소시민들이 사는 작은 아파트 한 채 값은 되는 멋진 차. 옆으로 지나치며 고급 차의 운전석을 보던 아내가 소리쳤다. “여보, 여보! X 목사님이야!” 젊은 시절, 카세트테이프로 열심히 들었던 설교를 하신 목사님이었다. 우리 부부는 꽤 오랫동안 주일 아침 교회에 가는 길을 그 차와 동행했다. 2010년 즈음의 일이다. 혹 나에게 그 차를 거저 준다고 해도 나는 싫다. 내 취향이 아니다.

은퇴하신 선배 목사님이 돌아가셨다. 동역하던 목사님들이 장례식장에 모였다. 예배 후 식당에 자리 잡은 목사님들은 자연스럽게 돌아가신 목사님 이야기를 나누었다. 혼자 남은 사모님이 앞으로 어떻게 사셔야 할지 대화하다, 자연스레 은퇴 후 거주하실 집으로 화제가 옮겨갔다. 아직 집을 마련하지 못한 한 목사님이 “교인들도 집이 없는

데, 미안해서 어떻게 집을 사!"라고 농담처럼 말했다. 변명치곤 매우 귀엽고, 리플리 증후군(Ripley Syndrome) 치곤 그 대가가 크다.

"예수께서 이르시되 … 네 소유를 팔아 가난한 자들에게 주라 … 그리고 와서 나를 따르라 … 진실로 너희에게 이르노니 부자는 천국에 들어가기가 어려우니라(마 19:21~23)."

4세기 이집트에서 안토니우스가, 12세기에는 프랑스의 발도가, 13세기에는 아씨씨의 프란치스코가 이 구절을 읽고 말씀 그대로 따랐다. 그러나 이제는 설교의 본문으로 사용하기 어려운 구절이 되었다. 군이 설교를 해야 한다면 온갖 아이디어를 짜내 비본질적인 해석을 해야겠지만, 이 또한 낯 뜨거운 일이다.

청빈은 그리스도인들, 특히 지도자들이 무시해서는 안 되는 기본 의무이자 최고의 미덕인 동시에 가장 지키기 어려운 주님의 명령이기도 하다. 그렇기에 "복음을 전하는 큰일을 하니 안전한 명품 차를 타야 한다."라든가, "하나님의 자녀가 복을 받아야지, 구질구질하게 살아선 안 된다." 같은 말도 안 되는 핑계가 판을 친다. 안타깝게도 진리는 언어가 아니라 실천해야 하는 명령이다.

그렇다면 존 웨슬리는 사는 동안 어떻게 이 문제들을 실천하셨을까? 수도원이 아닌 현실을 사는 우리에게는 적어도 웨슬리의 해답이 안토니우스, 발도, 프란치스코의 것보다 훨씬 구체적이고 실천적이다. 어쨌든, 아내에게 고맙다. 아내가 아니었다면 천국에 들어가기 힘든 분들을 존경할 뻔했다.

허투루 돈을 쓰지 않는 웨슬리

보수색이 강했던 웨슬리가 경제에 관해서는 가끔 진보적 주장을 펼쳤다. 가령 '가난한 자는 게으르고 일하기 싫어해서 가난하게 산다'는 단세포적인 무식함에 대해 '사악하고 악의적인 거짓말'이라고 통렬히 비판했다. 그는 한발 더 나아가 적어도 빈곤, 실업, 경제적 불평등은 사회의 구조적 문제에서 발생한다는 의식을 갖고 있었다(vol.20:445).

웨슬리의 경제관에는 '통제'하는 시장이라는 개념이 등장하는데, 이는 우리가 절대 놓치지 말아야 할 중요한 개념이다. 그는 시장을 신봉하는 보수주의자였음에도 불구하고, 시장은 그대로 놔두는(자유방임, laissez-faire) 것이 아니라 권력이 개입해야 할 것으로 보았다. 웨슬리가 애덤 스미스의 이론에 반대했다면 그것은 시장 경제 자체에 대한 반대가 아니라 '보이지 않는 손'이라는 개념에 대한 불신이었을 것이다.

하이에크(Friedrich Hayek, 1899~1992)는 '신자유주의의 창시자'라고 불릴 만큼 시장중심주의자였다. 그에 비해 칼 폴라니(Karl Polanyi, 1886~1964)는 적어도 자본주의가 생산하지 말아야 할 상품들을 생산하는 현실을 좌시하지 않았다. 존 웨슬리가 하이에크보다는 칼 폴라니에 더 가깝다고 하면 너무 큰 과장일까?

이제부터 존 웨슬리의 돈, 소비, 자산, 투자에 관한 생각을 정리해 보려고 한다.

첫째, 겉으로만 그리 보이는 것일 수 있지만 기독교는 오랫동안 돈에 대한 혐오증을 기초로 삼았다. 그러나 웨슬리는 돈을 혐오하거나 돈에 대하여 부정적인 생각을 가지지 않았다. 오히려 돈은 행복을 가져다주고, 노동으로 돈을 버는 행위는 행복 추구를 위한 선한 행위라고 생각했다(3권:285). 부(富)에 관한 이러한 견해는 칼뱅 이후 잉글랜드 청교도들이 가진 지배적인 견해였다.

둘째, 웨슬리는 가능한 지출 및 자산 축적의 대상과 이유를 특정했는데, 이는 다음과 같이 정리할 수 있다.

   a. 자신의 건강, 의식주, 사업을 위한 지출은 가능하다.
   b. 가족의 건강, 의식주, 사업을 위한 지출은 가능하다.
   c. 빚지지 않기 위해서 사업에 필요한 재물을 쌓아두는 것, 그리고 이에 관련된 지출은 가능하다.
   d. 자신이 죽은 뒤에 남은 가족의 건강과 생존을 위한 지출, 자산 축적, 투자도 가능하다.

웨슬리의 가르침대로라면 목사도 자신이 사망하거나 경제 활동을 하지 못할 때를 대비해 주택을 마련하는 등 자산을 축적할 수 있다. 문제는 정도(degree)이다.

가령 자신의 사망 후 남은 가족을 위해 주택을 마련할 때 어느 정도까지가 적당한가? 월세나 전세인지, 자가 주택이라면 가격대는 어떠한지 고민이 된다. 또한 지방인지, 수도권인지 등에 대한 고민이 더해지면 논란은 복잡해진다.

이에 대해 웨슬리는 '생활에 필요한(the plain necessaries of life)한에

서'라고 한마디로 못 박았다.[70] 여기서 생활이란 '일 년 내내 최소한의 생활이 가능한' 정도이며, 유가족이 사치하거나 빈둥거리며 살게 할 정도로 유산을 남기는 것은 지옥을 유업으로 남기는 것이라고 말했다(3권:294).

셋째, 위와 같은 이유로 물건을 구입하거나 저축을 하거나 투자할 때는 주님이 원하는 방식의 소비인지 깊이 고민해야 한다. 확신이 없는 경우에는 '자신의 가슴에 손을 얹고 진지하게'(5권:100) 다음의 질문들을 곱씹어야 한다.

  a. 물건을 사거나 돈을 투자 혹은 저축하려는데, 나는 주님의 돈을 맡은 청지기처럼 행동하는가? 나 자신이 이 돈의 주인인 것처럼 행동하지는 않았는가?

  b. 이 돈을 사용하기 위한 성서적 근거를 찾을 수 있는가?

  c. 지금 내가 사는 물건을 주님께 봉헌물로 바칠 수 있는가?

  d. 하나님께서 부활하실 때 지금 나의 소비나 투자 행위를 칭찬하고 나에게 상을 주실까?

이렇게 자문해도 자신의 소비생활이 올바른 것인지, 잘못된 것인지 의문이 들 때는 반드시 기도 후 응답을 기다려야 한다(3권:297).

웨슬리의 가정 경제관을 보면 그가 얼마나 철저하게 재물을 관리했는지 쉽게 알 수 있다. 웨슬리도 젊은 시절의 객기로 무리한 지출을 하기도 했다.

---

[70] 존 웨슬리, 『웨슬리가 전한 산상수훈』, 270.

취직 후 곧바로 차를 사는 요즈음 젊은이들처럼, 비록 일 년 만에 다시 팔긴 했지만 1729년의 청년 웨슬리도 말을 샀다. 큰 교회는커녕 빚만 잔뜩 가진 사제의 아들이자 갓 서품을 받은 사제가 말을 산다는 것은 무리한 일이었다. 공적인 삶을 살기 시작한 이후, 그는 지독한 '짠돌이 원칙'을 소비 원칙으로 삼았다.

옥스퍼드 시절, 추운 겨울에 웨슬리는 거리에서 거친 옷을 입은 굶주린 소녀와 마주쳤다. 웨슬리는 그녀에게 겨울에 입을 옷이 없냐고 물었고, 그녀는 자신이 입은 옷이 전부라고 답했다. 그녀를 도우려던 웨슬리는 문득 자신의 주머니가 비어 있다는 사실을 깨달았다. 가지고 있던 돈을 그림을 사느라 다 써버린 직후였기 때문이다.

결국 소녀를 돕지 못한 웨슬리는 '나는 추위에 떠는 사람을 도와줄 수 있는 돈으로 벽을 호화롭게 치장했구나!' 하는 자책을 일기장에 남겼다.[71]

그때부터 웨슬리는 화려한 의복이나 치장을 혐오했다. 모자가 유행하기 전, 거의 모든 사람이 가발을 쓰고 다녔지만 웨슬리는 가발 값을 절약하려고 가발 대신 머리를 말아 올려 평생을 곱슬머리로 살았다.[72] 그러나 짠돌이 웨슬리도 건강한 지출, 투자, 재산 축적을 금기시하지 않았고, 자신이 적극적으로 투자하기도 했다.

---

[71] 찰스 화이트, '돈에 대한 웨슬리의 교훈과 실천', 편집실 역, 『세계의 신학(1997. 여름)』, 238에서 인용.

[72] 허천회, '구체적인 사랑의 실천: 돈과 영성', 『강단과 목회(2022. 9·10)』 (kmc, 2022), 14.

랙킹턴이 설립한 Temple of Muses 내부

우선 웨슬리는 공공 금융에 투자했다. 웨슬리는 요즘 우리가 아는 신용협동조합의 창시자이다. 웨슬리가 신용조합을 설립한 후 일 년에 무려 250명 이상의 사람이 신용조합을 이용했다.

1775년 구두 수선공 제임스 랙킹턴(James Lackington)이 신용조합에서 5파운드를 대출받아 개업한 중고 서점은 웨슬리가 임종한 1791년에는 런던에서 두 번째로 규모가 큰 중고 서점으로 성장했다. 랙킹턴이 사업에 성공한 후 설립한 'Temple of Muses'라는 책방은 인류 최초의 대형, 기획, 할인 서점이었고, 그는 잉글랜드의 지적 발전에 지대한 영향을 미쳤다.

존 웨슬리의 신협을 모방해 우리나라 최초로 원시적 형태의 신협을 만든 분이 있다. 동대문 감리교회에서 신앙생활을 시작해 나중에 장로교 목사가 된 김현봉 (1884~1956) 목사님이 그분이다.

늘 머리를 박박 밀고 다녀 '중 목사'라고 불린 김현봉 목사는 아현동 산동네에서 목회하였다. 그는 지방에서 상경한 어려운 성도들에게 손수레와 함께 적은

김현봉 목사

돈을 대주어 소금이나 생선 장사를 하게끔 했다. 그리고 이들이 성공하면 이들이 낸 십일조로 또 다른 어려운 성도들의 장사를 도왔다. 1960년대 서울의 소금 도매상 대부분이 김현봉이 목회하던 아현교회 출신인 이유다.[73]

또한 웨슬리는 최초로 사회적 기업을 만든 창시자였다. 취업이 어려울 때 웨슬리는 자주적인 사업을 시작하게끔 조치했고, 대포 주물소 사업을 시작했다. 1741년 겨울부터는 12명이 솜 공장을 시작했다. 후에 이 일로 인하여 웨슬리는 적대자들에게 심한 공격을 받기도 했다(vol.19 : 173, 193).[74]

법인으로 사회적 기업을 설립해 최초로 금융 기관으로 만든 분은 꼬방동네 허병섭 목사님이다. 동월교회에서 목회하던 허병섭은 1988

---

[73] 조현, '검박한 삶으로 내보인 신앙실천, 김현봉 목사', 『기독교사상(617호, 2010)』, 184~190.

[74] 박창훈, '존 웨슬리의 기독교 경제관', 『환태평양 웨슬리안 성결신학자 학술대회 논문집(2006)』 243에서 재인용.

년 8월 1일부터 일용건축노동자로 이른바 노가다 일을 하기 시작했고, 8월 15일에는 자신의 소속 노회에 목사 사직서를 냈다.[75] 그리고 함께 일하는 일용직 노동자들을 설득하여 월곡동 생산공동체 '일꾼 두레'를 창립

허병섭 목사 ©뉴스앤조이

했다. 허병섭 목사는 도시 '빈민(민중)의 명예를 회복하기 위하여' 두레를 창립했다고 밝혔다.[76] 두레는 날삯 노동자가 경영하는 '새로운 형태의 기업(공생을 위한 기업)'이었다.[77] 공동 생산, 월급제, 유급휴가, 일요일 휴무, 8시간 노동 등 당시로서는 파격적인 노동 여건을 실천했던 실험적 기업이었다.

마지막으로 웨슬리는 타인을 사취하는 행위가 아닌, 합법적인 투자에 대해 긍정적으로 생각했다. 여기서 '합법적인 투자'란 자신, 가족, 사업, 타인에 대한 책임감을 위한 것을 말한다.

돈의 주인이 주님이시며, 최소한의 생활에 필요한 것만 소비하는 검소한 생활을 영위한다면 최근의 주식, 채권, 부동산, 가상 화폐 투자에 대한 인식도 새로워질 것이다. 웨슬리의 가르침대로 '줄 수 있

---

75 허병섭, 『일판 사랑판』 (현존사, 1993), 12, 42.
76 허병섭, '일꾼두레의 문제점과 생산 공동체 운동: 사회운동의 새 지평을 열기 위하여', 『도시와 빈곤(vol.4)』 (한국도시연구소, 1994), 3.
77 허병섭, 『일판 사랑판』, 134.

는 모든 것을 주라(Give All You Can)'는 원칙을 지키는 청지기 삶을 산다면 말이다.

때를 벗겨 내는 일

돈과 관련한 문제는 교회 리더들을 비굴하게 만든다. 그러나 이는 가족이 있는 개신교 지도자라면 회피할 수 없는 문제이기도 하다. 웨슬리가 가르친 부의 위험성이나 돈의 올바른 사용법 등은 지금 시대에서 문자대로 실천하기 어렵다.

또 웨슬리가 목회, 사회, 국가 안에서 꿈꾸고 실현했던 일의 많은 부분은 이제 교회가 아닌 국가의 역할로 이관되었다. 중요한 것은 거대한 욕망의 체제 안에서 청지기 정신을 고수하며 건강한 부를 활용하고자 하는 개인의 의지와 믿음이다.

덧붙이자면 교회의 리더를 비롯한 모든 현대인은 피치 못하게 투자와 투기 사이를 왕래할 수밖에 없다. 개인 사업, 직장 일, 심지어 목회지에서도 이러한 상황에 쉽게 노출된다. 그 속에서 물질에 대한 욕망은 점차 괴물처럼 자라나고, 돈의 흐름을 읽어내 투기의 방식을 습득한다. 청지기 정신은 남의 나라 일(타산지석)이 되고 만다. 그래서 현대사회를 사는 우리에게는 쌓이는 때를 그때그때 씻고 벗겨 내는 일이 무엇보다 중요하다. 이는 웨슬리가 엄청난 돈을 운용하면서도 청빈하게 살며 청지기 정신을 지켜왔던 방법이었다.

웨슬리 따라
실패하기

목표 없는 실패

누군가에게 나는 얄미운 사람일 수 있다. 인생에서 실패하거나 좌절한 경험이 별로 없기 때문이다. 아니, 솔직히 실패할 꿈이나 목표가 없었다고 하는 것이 더 정확하다.

기억에 남는 실패는 1982년, 첫 운전면허 시험에서 경찰 아저씨의 횡포(?)로 낙방한 일이다. 그때 내겐 면허증이 절실했다. 면허증 외에는 그저 '안 되면 그만'이었고 하기 싫으면 내려놓았다. 무엇인가를 반드시 이루고, 올라가고, 정복해야겠다는 의지도 크지 않았다. 외견상 '팔자 좋다!'고 할 수 있겠으나, 정확히 말하면 나는 욕망도 크지 않았고 포기도 빠른 사람이어서 그런 게 아닌가 싶다.

청년 시절 꾸었던 꿈을 생각하면 조금 부끄럽다. 당시 내 꿈은 '인류 평화'든지, '불평등 없는 사회 건설'이라든지, '완벽한 정치-사회구조 개발'이라든지, 하다못해 '팔레스타인과 북아일랜드의 독립(북아일랜드는 해결됨)'이나 심지어 'UFO 포획 계획', '자동차 없는 거리',

엉뚱한 상상의 실현

'공룡 복원 사업' 등 내가 생각해도 말이 안 되는 헛된 몽상이었다.

내심 이를 알았기에 꿈을 이루고자 큰 노력도 하지 않았고, 성취되지 않았어도 큰 좌절을 느끼지 않았다. 여담이지만, 그때 내가 꿈꿨던 엉뚱한 상상이 실현된 것들이 꽤 많다. 그런 것들을 볼 때면 '아니, 저것들이 언제 내 머릿속에 들어와 베껴 갔지?'라는 생각이 문득 든다.

실패는 아니지만 약간의 좌절감을 맛보았던 때도 있다. 저 멀리 태평양 건너 살던 때였는데, 부교역자로 안락한 생활을 하던 나는 갑자기 교회를 개척했다. 누가 봐도 '미친' 짓이었는데, 그때나 지금이나 이 개척은 하나님의 뜻이 아니고는 설명이 안 된다. 그러던 어느 날, 교역자 회의에서 선배 목사님이 내게 오시더니 어깨를 툭 치시며 말씀하셨다.

"이 전도사, 교회 크기나 성도의 수 때문에 주눅 들지 마. 하나님 앞에 이 전도사가 어떤 모습인가가 더 중요해."

목사님의 말씀은 내 머리를 강타했다.

아마도 내가 그동안 주눅이 들어 어깨가 내려가 있었던 모양이다. 그때부터 나는 어딜 가더라도 나를 보시는 하나님의 시선을 생각했다. 갖가지 모략과 정치와 인간관계의 눈으로 나를 보는 사람들의 시선은 생각하지 않았다. 그리고 내가 개척한 그 교회가 여전히 연회록에 존재하는 것으로 보아, 나의 개척이 적어도 1/4 정도는 성공하지 않았나 싶다.

내가 교회 개척으로 좌절감이나 실패감을 느끼지 않은 이유는 하나님께서 나를 대견하게 보셨고, 나는 하나님 앞에 자랑스러웠다고 믿기 때문이다.

뻔뻔한 웨슬리

나는 평소 존 웨슬리를 극단적으로 영웅시하거나 신화화하는 것에 대한 위험성을 늘 강조해왔다. 웨슬리가 영웅이 되고 신화가 되면 우리는 그를 따라갈 수 없다. 웨슬리가 영웅이 되고 신화가 된다면, 우리는 웨슬리를 (몸으로) 배울 필요도 없다. 웨슬리가 하나님의 사랑을 누구보다도 많이 받았고, 그래서 이미 우리가 범접할 수 없는 곳에 가 있기 때문이다. 그러나 웨슬리를 우리처럼 고뇌하고 실패하고 좌절하고 아파하던 한 인간으로 본다면, 우리는 그에게 배울 수 있고 그를 따라 할 용기를 낼 수 있다.

'인간' 웨슬리는 나보다 더 많이 실패했고, 더 많이 실수했고, 더 옹졸했고, 더 비겁했을지 모른다. 하지만 웨슬리에게는 우리가 도저히

제임스 오글소프

따라갈 수 없는 무언가가 있었다. 그것은 '확고한 신념에서 나오는 강력한 뻔뻔함'이었다. 그래서 이번에는 웨슬리의 잘 알려진, 대표적인 실패담을 한번 짚어보려고 한다.

제임스 오글소프(James E. Oglethorpe, 1696~1785)는 조지아 식민지를 건설한 잉글랜드의 영웅이다. 웨슬리는 국가적 영웅의 지원과 선교국(SPG)의 두둑한 지원금까지 받고 조지아로 파송되었다. 그러나 파송받은 목회지에서 35세의 노총각 웨슬리는 16~17세의 미성년 소녀와 사랑에 빠졌다. 웨슬리의 일기에 스킨십을 자제하지 못한 것에 대한 후회가 자주 등장하는 것으로 보아 이 둘은 무척 깊은 관계였던 것 같다.

그러나 이성 교제와 결혼에 관해 우유부단했던 웨슬리는 결단하지 못했다. 철없던 소녀는 웨슬리와의 관계를 정리하지 않은 채 결혼했다. 큰 충격에 빠진 사제 웨슬리는 이 부부에게 과한 종교적 제재를 가했고 이 때문에 구설수에 올랐다. 웨슬리의 행동이 다른 사람들에게 보복으로 보인 것이다. 이 일로 법정에 소환된 웨슬리는 50파운드라는 거액의 벌금형을 선고받았다.[78]

이뿐이 아니었다. 조지아에서 웨슬리의 신학은 계속해서 의심을 받았다. 일부 성도들은 웨슬리의 설교는 개신교의 설교가 아니라고 정면으로 반박하며 더는 설교를 듣지 않겠다고 공언했다. 오글소프도 웨슬리의 신학적 입장에 염려를 표했다. 결국 벌금형과 함께 잉글랜드로의 귀국 금지 판결을 받은 웨슬리는 보석금을 포기한 채 재판 당일 저녁기도회를 끝으로 사바나를 떠나 쫓기듯 귀국했다.

웨슬리의 급작스러운 귀국은 그를 조지아로 보냈던 사람들에게 큰 충격이었다. '조지아 이사회'는 곧 웨슬리를 소환하여 사태를 파악하고자 했다. 이사회는 웨슬리의 잘못을 인정하는 한편 조지아의 열악한 상황을 참작하여 더는 웨슬리에게 책임을 묻지 않기로 했다. 하지만 이사회를 주도한 에그몬트 백작(Earl of Egmont)은 웨슬리를 '열정과 위선이 교묘하게 합쳐진 이중 인격적 인물'로 파악했다.[79] 이듬해엔 조지아에서 돌아온 로버트 윌리엄스(Robert Williams)가 사제의 연애로 인한 탈선 행위와 이에 따르는 위법들을 기록한 책을 출판하며 웨슬리를 공격했다.

---

78 당시 금과 은 가격으로 어림잡아 계산해 봤더니 현재 약 4,000~4,500만 원.
79 Richard Heitzenrater, *Wesley and the People Called Methodists*, 75.

웨슬리의 급작스러운 귀국이 문제였는지, 아니면 소녀의 외삼촌이자 행정책임관이던 코스턴(Thomas Causton)과의 갈등으로 야기된 것인지 정확히 판단할 수 없다. 다만 웨슬리가 귀국 후에 보인 행보는 쉽게 이해하기 어렵다. 웨슬리는 귀국하자마자 옥스퍼드와 런던에서 옛 동료들을 만나 상황을 파악하고, 또 다른 지원을 받을 수 없는지 알아보았다.

무엇보다도 그는 새로운 모임에 적극 참여하며 새 친구들을 사귀는 일에 몰두했다. 웨슬리는 이때 독일 출신 목사 피터 뵐러(P. Böhler)를 만나 깊은 만남을 가졌으며, 올더스게이트에서 큰 은혜를 체험했고, 7월에는 독일 여행을 하며 진젠도르프를 만났다. 같은 해 12월에는 신도회를 이끌고 런던에 개척도 했다. 조지아에서 귀국한 웨슬리의 행보에는 거침이 없었다. 웨슬리에게서는 목회에 실패하고 교인들에게 쫓겨 은밀하게 귀국한 목회자의 모습을 찾아볼 수 없었다.

조지아의 실패한 선교사 웨슬리를 현대로 소환해 본다. 한인들이 이민을 시작한 A국과 우리나라가 국교를 체결했다. 교단은 한인 선교를 위해 선교사를 선정해 파송했다. 일부 교회들의 헌신에 힘입어 선교국은 선교사를 전폭 지원했다. 그러던 어느 날, 파견된 총각 선교사가 갑자기 서울에 나타났다. A국에 확인해 보니 그는 이성 문제로 소송을 당했으며, 어설픈 신학적 설교로 인해 교인들과 문제를 일으켜 야반도주하다시피 귀국했다는 설명이 돌아왔다.

만일 우리가 이런 상황에 놓였다면 어떻게 행동했을까?

적어도 대부분은 일정 기간 사람들을 피하고 울분과 좌절로 가득 찬 시간을 보냈을 것 같다. 그러나 웨슬리는 전혀, 어찌 보면 얄미우리만치 흔들림을 보이지 않았다. 오히려 더 적극적인 행보를 보여주었다. 그런 뻔뻔함, 이를 가능하게 했던 그의 굳건한 확신이 부러울 따름이다.

우리는 웨슬리를 닮을 수 있다

우리에게 비교적 상세히 알려진 웨슬리의 인생은 수많은 실패와 실수, 후회, 패배로 점철되어 있다. 그런데도 그는 실패의 상처를 우울이나 좌절, 무기력, 포기와 같은 감정으로 연결하지 않았다. 오히려 실패를 장애물이 아닌 배움의 과정이자 새로운 목회의 실험으로 삼았다. 조지 베일런트(George E. Vaillant)의 연구처럼, 웨슬리는 인생의 위기들을 성장과 성숙의 계기로 삼으면서 선교와 목회를 성공적으로 이끌었다.[80]

나는 인스타그램(Instagram)의 화려한 모습에 가려진, 어깨가 축 늘어진 젊은이들의 모습을 자주 본다. 다른 사람들에게는 이 세상에서 가장 행복하고 화려한 모습을 보여주지만, 버스와 전철에서 만난 그들은 작은 일에도 온 힘을 다하는 절박하고 각박한 모습이었다. 내 자녀들을 비롯한 요즘 젊은이들은 이성 교제 역시 큰 모험이라고 한

---

[80] 조지 베일런트, 『행복의 조건』, 이덕남 역 (프런티어, 2010) 참조.

다. 실패가 두려워 이성 교제조차 선뜻 하지 못하는 것이다.

이 모든 것이 엉터리 세상을 만들어 놓은 기성세대의 죄다. 그럼에도 불구하고 나는 웨슬리언 청년들이 희망과 활력의 전도사가 되길 기대한다. 웨슬리언 청년들이 사부 웨슬리처럼 실패에 익숙해지길 기도한다. 이는 무책임해지라는 것이 아니라 실패를 성장과 성숙의 경험으로 승화하는 실험 정신과 용기를 가지라는 말이다.

"젊은이들이여, 쫄지 맙시다! 청년들이여, 사부 웨슬리처럼 어깨를 펴고 당당히 삽시다! 영성생활의 실패를 두려워하지 맙시다!"

매일 머릿속에 떠오르는 불쾌한 생각이나 충동은 인간의 자연적인 성정에 불과하다. 하루에 10번, 일 년에 1,000번, 평생 수십만 번 떠오르는 이러한 생각은 일시적 충동일 뿐이다. 이런 생각을 한다고 해서 우리가 죄의 지배를 받는 것이 아니다. 영성생활의 실패도 당연히 아니다. 그냥 '이게 나구나!' 하고 생각하면 그만이다. '이렇게 한다고 뭐가 되겠어?'라는 마음이 실패보다 무섭다. 이런 마음이야말로 마귀가 주는 마음이고, 이 마음이 우리의 노력을 포기시킨다.

웨슬리로 사는 것은 외국어 공부와 비슷하다. 하루 밤새워서 한다고 되는 것도 아니고, 시험 한번 잘 본다고 되는 것도 아니다. 그러나 오래 노력하다 보면 나도 모르게 입에 배어 튀어나오는 외국어처럼, 웨슬리로 사는 것도 그러하다.

03

공동체 가꾸기

―

성을 쌓는 자는 망하고
길을 내는 자는 흥할 것

웨슬리 따라
갓생 살기

웨슬리 따라
공동체 만들기

인구학과 부동산 전문가 되기

10년도 더 된 일이다. 한 해가 마무리되어 가는 시점, 신대원 졸업을 앞둔 한 학생이 내 연구실 문을 두드렸다. 퇴근을 위해 짐을 챙기던 나는 하던 일을 멈추고 그를 맞았다. 교회 개척이나 선교지 파송을 앞둔 이들에게 기도를 부탁받곤 했는데, 그 학생도 개척 기도를 부탁하려고 나를 찾아온 것이었다.

그러나 그의 이야기를 듣던 나는 그만 얼어붙고 말았다. 그가 교회를 개척하는 지역이 생태 보존 지역과 군사 지역이 겹치는 곳이었기 때문이다.

그의 손을 잡고 함께 기도하는데, 기도가 자꾸 막혔다. 확신보다는 그의 미래에 대한 걱정이 앞서서였다. 같은 학교 선배 교수인 N교수께서 "가끔 신학교 교수는 부동산 전문가가 되어야 한다."고 말씀하셨는데, 학생과 기도하는 순간 그 말씀이 내 머리를 스쳤다.

임대차 계약까지 마친 후 개척의 꿈을 안고 스승을 찾은 그에게 아

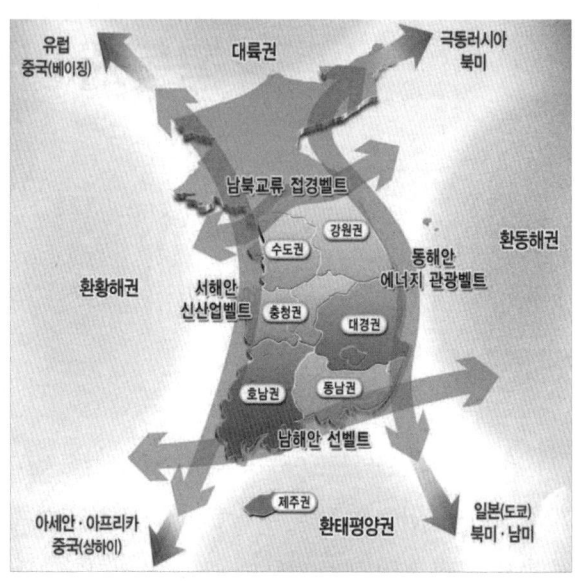
제4차 국토개발종합계획 수정계획(2011~2020) 수정안 개략도

무 말도 할 수 없는 선배 목사이자 선생, 희망에 들뜬 채 연구실 문을 나서는 그의 뒷모습을 속절없이 바라만 봐야 하는 내 모습에 더 화가 났다.

그날부터 나는 틈나는 대로 국토교통부와 문화체육관광부 자료실을 뒤졌고, 지난 40여 년간의 '국토개발종합계획'과 '문화사업계획'을 내려받아 수천 페이지에 달하는 자료를 검토하기 시작했다. 그리고 몇 년 후 그 결과를 모아 「제4차 국토종합개발계획에 따른 개척 선교의 전략」(신학과실천, 2015)이란 논문으로 요약했다.

논문 발표 이후, 나는 "이것이 신학 논문이냐?", "이렇게 엉터리로 논문을 써도 되느냐?", "이건 업자가 할 일이지 교수가 할 일이 아니다." 등의 많은 비난에 시달렸다. 아무도 거들떠보지 않는 무관심이 무척이나 외로웠다.

그러나 나는 틈나는 대로 학생들에게 개척 지역 및 도시를 찍어주며 '개척 후 10년만 인내하라'고 권고했다. 분석을 시작하고 10년이 넘은 현재, 내가 지목한 지역에서는 대규모의 토목 공사가 진행 중이고, 부동산 가격이 상상을 초월할 정도로 폭등했다.

이 사실만으로도 나는 위안을 얻는다. 그리고 나는 아직도 감리회 본부 내 부동산 전문가의 활동이 필수적이라고 믿는다. 개척과 선교는 이론이 아니라 당장 지역 부동산과의 상담에서 시작되는 현실과 실천의 문제이기 때문이다. 그런데 존 웨슬리는 이 문제를 동물적인 감각으로 파악한 천재였다.

농촌 마을의 해체와 웨슬리의 전략

18세기 당시, 여러 사람이 브리튼 섬 및 주변 제도(諸島)를 뒤흔든 부흥 운동을 이끌었다.

웨일즈에는 하웰 해리스(Howell Harris), 다니엘 로우랜즈(Daniel Rowland), 그리피스 존스(Griffith Jones)가 위세를 떨쳤고, 스코틀랜드에서는 에벤에셀(Ebenezer Erskine)과 랄프 어스킨(Ralph Erskine) 형제가 유명했다. 그리고 잉글랜드에는 조지 휫필드, 헌팅턴 백작 부인,

웨슬리 형제 등이 자리를 잡은, 그야말로 군웅할거(群雄割據)의 시대였다. 그중 조지 휫필드는 반론의 여지 없는 독보적인 존재였다.

오죽했으면 웨슬리가 동생 찰스에게 "나는 휫필드의 뒤를 따라가며 그가 흘린 이삭을 주워 모아야겠다."고 말했을까. 휫필드의 재능과 인기는 그만큼 대단했다(vol.26:55). 휫필드를 최고의 영적 거장으로 꼽았던 존 라일(John C. Ryle)은 "휫필드 앞에 다른 사람을 놓는다면 어떤 이유이든 그것은 불공정한 것"이라고 단언했다.[81] 그러나 휫필드가 사망한 후, 휫필드의 영향력은 급속히 사그라들었다.

역사는 영국과 식민지에서 훨씬 더 많은 존경을 받았던 휫필드가 아닌 존 웨슬리를 기억한다. 사람들은 그 이유를 추측하면서 휫필드에게 조직을 구성하는 역량이 부족했다거나 하나님의 뜻을 운운하지만, 이는 가당치도 않은 소리다. 두 분이 워낙 다른 성격을 가졌고, 수명에 차이가 있다는 점이 두 사람의 사역에 다른 결과를 가져온 이유였다. 그래서 나에게는 두 분에 대한 존경심에 차이가 없다.

휫필드가 기존 신학을 따랐기에 그의 추종자들은 모두 기존 교파로 흡수됐지만, 웨슬리는 차별화된 아르미니안주의(arminianism)를 설파하며 따로 살림을 차려 독립했을 뿐이다. 말년의 휫필드는 웨슬리처럼 조직을 만들고 장악하지 않은 것을 후회했다고 한다. 다만 휫필드가 차선으로 생각했거나 무신경했던 것이 무엇인지, 웨슬리 조직의 독자적인 특징은 무엇인지 알아보는 것은 매우 중요하다.

---

81 존 라일, 『휫필드와 웨슬리』, 배용덕 역 (부흥과개혁사, 2005), 38.

첫째, 웨슬리의 공동체 조직은 공간과 지역을 범람했다. 웨슬리 시대에는 농촌이 급격히 해체되어 인구가 도시로 집중되고 있었다. 그때나 지금이나 가톨릭과 국교회는 교구가 명확히 나뉘어 있었던 반면, 웨슬리는 엡워스(Epworth) 교구에 자신을 가두지 않고 인구가 집중되는 지역을 추적했다. 이 과정 중에 나온 말이 "세계가 나의 교구다."라는 변론이다.

웨슬리는 "사람들은 날더러 다른 교구에서는 이런 일을 하지 말라고 합니다. 그 말은 실제로 아무것도 하지 말라는 뜻입니다…. 이제 괴로운 마음으로 이 문제에 관한 나의 원칙을 말씀드리겠습니다. 나는 온 세상을 교구로 생각합니다."[82]라고 말하며 인구가 집중되는 지역을 찾아 교구를 넘나들었다. 대한민국의 국토개발종합계획에 정통해야 하는 이유가 여기에 있다.

둘째, 웨슬리의 공동체는 독립공동체에 머물렀던 국교회와 달리 넓은 지역이 하나의 망으로 연결된 '연합체(union)'였다. 독립된 조직들을 실로 꿰듯 하나로 연결하는 데 성공한 분이 바로 존 웨슬리였다.[83]

국교회가 '고립된(isolate)' 일정 지역 내의 공간을 점유하며 출생에서 사망까지 삶의 주기별 행정과 전례를 담당하는 기관(institution)이었다면, 웨슬리의 공동체는 독자적인 지역별 신도회가 지역을 넘어

---

82 Richard Heitzenrater, *The Elusive Mr. Wesley*, 2 vols. 2:107.
83 Henri Rack, *Reasonable Enthusiast* (Nashville: Abingdon Press, 1992), 214~6.

서로 '연계하여(connect)' 연계 조직(nexus)을 이룬 형태였다. 이것이 하나의 연합조직(연합신도회)으로 발전한 것이 감리회 조직이다.

당시 국교회는 동사무소와 농촌 지방의 지역 교회가 합쳐진 모습과 비슷하다. 그러나 웨슬리의 조직은 초기 통신망 커뮤니티의 고전 버전과 같다. 국교회 중심(본부)에서 설립하고 건축한 국교회에는 국가에서 급료를 받는 사제 외의 사람이 있을 수 없다. 마치 마을 동장이나 지역 담임 목사와 같다.

그러나 독립된 조직과 각각의 지도자가 있던 신도회들이 점조직처럼 하나로 엮이면 상황이 달라진다. 하나의 조직처럼 보이지만, 지역별 신도회의 리더(성직자)와 평신도와 같은 분자들의 활동이 활발할 수밖에 없다. 인터넷 커뮤니티가 지역별로 지부와 임원을 두고 활동하는 것과 유사하다. 그리고 이들은 일 년에 한두 번씩 총회나 정식 모임을 통해 만난다.

이러한 조직 구조는 웨슬리가 원하든, 원하지 않든 간에 조직 안에 개방성과 자발성이 증대하기 시작했다. 또한 각 지역의 상황과 환경이 달랐기 때문에 융통성 있고 개방적 신학을 견지할 수밖에 없었다. 구조를 바꾸니 내용이 바뀐 것이다. 요즘 말로 하자면, 새 플랫폼을 깔고 나니 새로운 콘텐츠들이 모여드는 형국이었다.

이렇게 웨슬리의 공동체는 연대조직(connectionalism)으로 묶였고, 웨슬리는 신도회들을 연결하는 고리(link) 역할을 하였다. 그래서 그는 광역의 점 공동체들을 관리하기 위한 엄청난 여행을 할 수밖에 없었다.

국교회와 웨슬리의 조직을 표로 비교해 보았다.

	공간/장소	소통방식	중심활동	특징	비교
국교회	교구/마을	개인 간 소통	의례 · 마을 공동체 관리	지역 · 공간 공동체	동사무소/ 농촌 교회
웨슬리형	탈교구/ 탈지역	독립된 다자 간 넥서스	말씀 및 각 지역 활동	광역 · 점 · 공동체 활동 중심 공동체	인터넷 커뮤니티
미래	?	?	?	?	?

미래의 교회 조직

잘 알다시피 웨슬리의 소규모 공동체는 웨슬리가 창안한 것이 아니다. 그는 소규모 공동체의 원조들, 헤르트 흐로테(Gerard Groote)의 공동생활형제회, 스패너(Philipp J. Spener)의 경건회, 로욜라(Ignatius de Loyola)의 예수회, 드 렌티(De Renty)의 자유신도회, 그리고 안소니 호넥(A. Horneck)의 신도회를 잘 알고 있었고, 이 조직들을 자신의 신학과 영성의 방식으로 재구성했다.

웨슬리는 인구 이동과 밀집도에 따라 조직을 구성했고, 장소에 구애받지 않는 공동체를 만들어 각 공동체가 긴밀히 소통하게 했다. 이러한 소통은 모든 공동체를 하나의 교회로 통합시켰다. 이 안에서 각 교회가 가지는 개방적 구조와 분자들의 자율성 강조는 웨슬리의 전략이었다.

다시 말하면 존 웨슬리는 18세기 잉글랜드에서 자신의 실험적 공동체를 세상에 선보였다. 그리고 시대 변화를 충실히 반영했던 웨슬리의 그리스도교 공동체는 정확히 1850년대 전까지 신생 국가 미국에 적용되어 놀라운 감리교 선교의 역사를 이루었다.

구역회나 속회는 300년 전, 이른바 '뚜벅이 시절'에 만들어진 조직이다. 계삭회는 순회하는 설교자들과 성찬을 목숨처럼 중요시하던 시대의 모임이다. 100여 년 전 미국 대공황을 일으킨 초기 천민자본주의 횡포에 대항하기 위한 목적으로 결성된 사회주의 개혁조직들도 있다. 대한민국의 마을 공동체는 이제 거의 다 해체되었고, 21세기 말까지 도시 집중은 계속해서 심화될 것이다.

디지털 네이티브들의 온택트(ontact)는 더 정교해질 것이고, Chat GPT는 필요할 때마다 사람들이 원하는 멋진 설교를 들려줄 것이며, 이를 들으며 자율주행 차 안에서 달리는(driving) 예배를 드릴 날이 곧 올 것이다.

웨슬리가 시대의 변혁을 따라 기존 교회의 외형과 조직을 개편하여 새로운 공동체의 모델을 창조했듯이, 이제 우리 교회도 새로운 공동체를 실험할 때다. 아니, 이미 때는 지나가고 있다.

성을 쌓는 자는 망하고 길을 내는 자는 흥할 것이다. 이는 아브라함의 삶을 통해 보여주신 하나님의 뜻이기도 하다.

웨슬리 따라
설교하기

만담꾼과 말씀 선포자

　네덜란드 이민자들이 세운 교단에 속한 미국 한인교회에서 부교역자로 일하던 시절의 일이다.

　30대 초반에 큰 성공을 해서 많은 교회의 부름을 받는다는 목사님 한 분이 내가 일하던 교회에 부흥 강사로 초빙됐다. 말씀이 얼마나 힘 있고 은혜롭기에 젊은 나이에 교회를 크게 부흥시켰는지 궁금했다. 나는 예배당 맨 뒷좌석에 슬그머니 앉아 집중하여 그의 설교를 들었다. 그런데 설교가 진행되면 될수록 울화가 치밀기 시작했다.

　대학 시절, A대학 B교수의 목회신학 강의는 삼천포로 빠지기로 유명했다. 교수님은 한 학기 내내 신학을 가르치는 대신 어려웠던 시절 당신과 선후배들의 목회 경험담들을 들려주셨다.

　대부분 흥미진진한 내용이어서, 조는 학생 하나 없이 모두 귀를 쫑긋 세우며 강의에 집중했다. 그 내용은 대략 "총각 전도사 시절에 농촌으로 목회를 나갔는데, 할머니 권사님이 돼지가 아프다고 안수기도를 부탁했다. 그래서 돼지 머리에 손을 얹고 안수기도를 했다."와 같은 내용이었다. B교수의 강의는 워낙 유명해서, 강의실에는 신학과 학생은 물론 타 전공 학생들, 비기독교 학생들, 심지어 타 대학 학생들까지도 모여들었다.

그런데 그날 초청된 부흥 강사는 내가 들었던 B교수의 이야기들을 자신의 것으로 바꿔서 설교하고 있었다. 부흥 강사가 나와 비슷한 연배였으니 B교수의 강의를 들었던 것 같다. 그는 선배 목사들의 경험을 마치 자신이 경험한 것처럼 교묘하게 각색해 아무런 가책 없이, 그것도 머나먼 미국까지 와서 허풍을 떤 것이다. 그의 거짓말 시리즈는 성도들의 광적인 '아멘' 소리와 합쳐져 개척자들이 목숨 걸고 세운 미국의 오래된 독립교회 마당에 울려 퍼졌다. 핸드폰이나 인터넷이 없던 시절, 한국과 멀리 떨어진 미국에서나 가능했을 이야기다.

목회자는 청중을 웃기기만 하면 되고, 청중은 그저 은혜만 받으면 그만이라는 생각은 위험하다. 청중의 뜨거운 관심과 즉각적인 리액션, 순간적인 감동만을 목적으로 하는 설교는 마술사 시몬(행 8:9)과 같은 태도이다. 또 이런 설교를 지속하는 태도는 하나님 앞에서 정직하지 못한 것이고, 인간적으로 진실하지 못한 것이고, 종교적으로 성스러움에 다가가려는 열망이 소거된 태도이다. 그래서 수많은 사람에게 감동을 주더라도 설교자 자신은 오히려 타락하기 쉽다. 그리고 이런 설교는 사람들을 예수께 이끌더라도, 자신의 영적 훈련은 되지 못한다. 유명한 설교자들이 교만, 거짓, 돈, 지저분한 사생활 등 중죄에 노출되는 이유이기도 하다.

이런 태도는 설교자의 태도가 아니라 엔터테이너(entertainer)의 태도이다. 심지어 연예인들조차 진실에 어긋나는 행동을 하거나 자신의 삶에 반하는 행동을 하면, 여론이나 SNS상에서 따가운 질타를 받는다. 심지어 활동하지 못하게 되기도 한다.

그런데 교계에서는 과장과 거짓, 거친 언어가 가득한 설교가 여전히 하나의 설교 기법으로 인정받는다. 심지어 그런 설교를 하는 설교자가 명성을 얻기도 한다. 이런 현실이 지속되는 한 우리 교회는 점점 더 비어갈 것이다. 그렇다면 웨슬리의 설교는 어떠했을까?

목회를 포기한 웨슬리의 설교?

외부 사람들뿐 아니라 우리 가운데서도 "웨슬리에겐 신학이 없다."거나 "신학과 관련한 저작이 없다."라는 말이 자주 들린다. 결론부터 말하면, 이는 기독교 사상사나 서구 지성사의 흐름을 전혀 이해하지 못한 소치이다. 웨슬리가 남긴 엄청난 양의 일기, 노트, 시, 설교를 신학과 무관하다고 판단한 결과이다. 매 학기 나는 학생들과 웨슬리의 설교를 읽는다. 돌아서면 잊어버리는 통에 읽고 또 읽지만, 웨슬리의 설교는 읽을 때마다 깨닫고 느끼는 바가 크다.

웨슬리의 설교에서 느낀 특징을 몇 가지만 요약하면 다음과 같다.

첫째, 웨슬리의 설교에는 불명확하거나 우회적인 표현, 요즘 설교자들이 자주 사용하는 두루뭉술한 표현이 '거의'가 아니라 '아예' 없다.

"그들은 현재의 어떠한 죄로 인하여, 또 현재 하나님의 명령을 범하고 있다는 일로 인하여 정죄 받지 않습니다(1권:157)."

"심령이 가난한 자는 누구입니까? 두말할 나위도 없이 그들은 겸손한 자들입니다."[84]

"나는 모든 악한 길과 악으로 이어질 수 있는 모든 실수에 대해 경고함으로써, 이를 피하게 돕는 일을 지속적으로 할 것입니다(7권:57)."

교리, 영성, 윤리를 막론하고 이렇게 거침없이 설교할 수 있는 이유는 간단하다. 웨슬리는 자신의 믿음과 체험에 대한 반석 같은 확신을 가졌기 때문이며, 이는 초기 감리교 설교자들의 설교 스타일이었다.

둘째, 웨슬리 설교는 청자들의 '아멘' 소리를 끌어내는 설교가 아니라는 점이다. 웨슬리의 권위가 감리회 운동을 지배하기 시작한 것은 1750년 후였다. 이는 다시 말하면 1750년 어간까지는 웨슬리가 감리회 부흥 운동의 지도자 중 한 사람에 불과했다는 뜻이다. 그런데도 그의 설교가 청자들을 매우 직설적으로 야단치는 쪽에 가깝다는 사실이 놀랍다.

돈에 관한 설교만 해도 그렇다. 세월이 흘러 깨끗해지고, 교육받고, 부유해진 회원들은 사치를 시작했다. 교회당도 화려해졌다. 오랫동안 부의 축적에 대해 조심스러운 설교를 했던 웨슬리는 당황했고,

---

84 존 웨슬리, 『웨슬리가 전한 산상수훈』, 28~29.

초기 감리교 설교자 웹 대령은 정복을 입고 칼을 찬 채
강력하고도 직설적으로 설교하기로 유명했다.

설교를 통해 이를 교정하고 건전한 자본주의 경제관을 설파해야 한다고 생각했다.

이에 그는 두루뭉술한 태도가 아니라 '벌어라!', '저축하라!', '남은 것은 모두 나누라!'라는 직설적인 화법으로 설교했다. 마치 수도원처럼 집, 옷, 음식의 기준도 직접 지정했다. 감리회원들의 눈치를 보거나, '대단한 일을 하니 안전한 고급 외제 차를 타야 한다'며 사치를 옹호하는 등 신자들의 입맛에 맞는 언어를 찾지 않았다. 하나님의 말씀이고 계시이며 자신의 확신이기에, 그는 전할 뿐이었다.

설교하는 웨슬리

셋째, 웨슬리의 설교에는 예화가 거의 없다. 자기 경험의 표현도 매우 절제되어 있다. 1747년 연회에서 웨슬리는 9개의 항으로 이루어진 설교 규칙을 처음 발표했다. 그중 7항이 과도하게 많은 비유를 사용하거나(too much allegorizing) 신령한 척(spiritualizing)하지 말라는 것이다. 열광주의자로 비난받던 감리회로선 의외의 규칙이었다.

"다른 설교자들은 더 감동하도록, 더 흥분하도록, 더 즐겁게 하도록 설교를 화려하게 장식하는 데 노력하지만, 나는 다만 생명의 양식을 먹이는 데 집중한다(vol.1:97)."

설교에서 예화나 개인의 경험은 감동적이긴 하지만 '하나님 말씀의 전달'이라는 초점에서 벗어나 청중의 감동에 초점을 맞추게 한다.

이런 커뮤니케이션의 특성 때문에 많은 목회자가 과장과 거짓의 구렁텅이로 빠지게 된다. 웨슬리는 이를 명확히 알고 경계한 것이다.

마지막으로 웨슬리의 설교는 설교자 자신인 웨슬리가 지극히 사랑한 설교라는 점이다. 그는 자신이 행한 설교의 원고를 버리지 않았다. 단순히 원고를 다시 사용하려고 그런 것이 아니었다.

웨슬리는 1746년 절기에 따른 첫 설교집을 출간한 이래로 거의 2년에 한 번씩 자신의 설교를 수정하고 재출판했다. 거친 말이나 타인에 대한 원색적인 비난, 습관적 욕설, 불순한 의도, 기만을 섞은 설교를 했다면 웨슬리처럼 지속해서 자신의 설교를 공개할 수 없다. 오래전 자신의 설교가 유튜브 등에 공유되는 것이 반갑지만은 않을 것이다. 웨슬리는 적어도 자신의 설교가 낱낱이 공개된다는 것을 전제한 것처럼 설교했다. 그는 오래전 자신의 설교 테이프가 부끄러워서 듣지 못하는 나같은 설교자가 아니었다.

원칙에 충실한 것이 가장 어렵다

과장되고 거짓된 설교를 반복하면 나중에는 완전히 만들어진 소설을 자기 경험인 양 거침없이 사용하게 된다. 그러한 가짜 경험을 반복해서 사용하면 이러한 일에 전혀 양심의 가책을 받지 않는 설교자가 된다. 오히려 설교를 거짓으로 가득 채워놓고도 이러한 설교를 통해서 '복음만 전하면 되고', '하나님께 영광만 돌리면 된다'는 자기합리화의 엉터리 논리를 내세운다.

이 정도 되면 설교자는 이야기꾼, 만담가, 개그맨으로 전락하고, 설교 준비는 마치 아이디어를 구상하는 회의처럼 변한다. 하나님이 말씀하시고자 하는 계시가 들어올 공간이 사라진 그 영혼과 양심은 회복되기 어렵다.

나의 경험으로 설교를 평가하자면, 설교는 두려운 행위이다. 그래서 나는 최근 받은 설교 요청을 대부분 완곡하게 거절한다. 나이가 드니 내 설교가 적어도 진실한지 아닌지를 스스로 정직하게 판단하게 된다. 특히 나 같은 신학자의 경우 자신이 체화하지 못한 신학을 마치 진리인 양, 성경에 결부해 확신에 차서 설교하는 경우가 많다. 이는 악의는 없지만 자기 자신마저 속이는 것에 평생 익숙해진 리플리 증후군의 결과이다. 설교를 준비할 때면 스스로가 이런 위험에 함몰될까 두렵다.

무엇보다 설교는 자기 묵상과 성찰을 전제로 해야 한다. 그래서 설교는 정직해야 하는데, 정직한 설교는 기도와 훈련이 전제되어야만 가능하다. 무엇보다도 설교 후, 자신의 설교를 체화하려고 노력해야 한다. 그런 설교는 설교자 자신의 영적 성장에 큰 유익이 된다. 그렇지 않으면 설교로 수많은 사람을 구원하고서 정작 자신은 타락하는 위험에 노출될 수 있다.

웨슬리 따라
건강 챙기기

농민의 우상

　지난 연말, 대학 동창 H에게 깜짝 전화를 받았다. H가 연락이 끊긴 나를 찾아내 연락한 것이다. 졸업 후 독실한 신자가 된 H는 목사가 되기를 꿈꿨는데, 결국 목사가 되었다는 친구의 소식이 늘 궁금했던 차였다. 놀랍고 반가워서 당장 그날 저녁을 함께했다.
　한참 동안 젊은 시절을 추억하고, 그 시절을 함께 보낸 친구들에 관한 이야기를 나눴다. 이런저런 이야기는 요즘 내 또래의 단골 주제인 건강 이야기로 이어졌다. 서로 엄살을 섞어가며 건강 걱정을 하던 중, 나는 즉석에서 친구의 불치병을 고쳐주었다. 물론 안수한 것은 아니었다. 단지 카페 앞 편의점에서 작은 보디로션을 사다가 그의 종아리에 발라준 것뿐이다.
　평생 공사 현장을 누비며 살았던 H는 매년 겨울이면 온몸이 가려워지며 피부 각질이 떨어지는 계절성 아토피를 앓는다고 했다. 친구의 종아리는 하도 긁어서 상처가 나 있었다. 그의 말을 들은 나는 웃기기도 했지만, 한편으로는 내심 슬퍼졌다. 그의 증상이 세안 후 로션도 바르지 않았던 나의 과거 증상과 정확히 일치했기 때문이다.

아내의 권고를 듣지 않고 고집을 부리던 나는 40이 훨씬 넘어서야 겨울마다 나를 찾아왔던 괴로운 가려움증을 치료할 수 있었다. 가려움증에 내려진 처방은 단 한 가지, 세안과 샤워 후 로션을 바르는 것이었다. 이 처방 후 나의 가려움증은 며칠 만에 사라졌다. 무식하면 고생하는 법이다. 최근에는 그토록 싫어하던 선크림도 열심히 바르기 시작했다.

'농민의 우상'. 젊은 시절, 한때 내가 가졌던 별명이다. 따가운 눈초리를 감수하고 말하자면, 나는 평생 부족함 없이 양껏 먹었다. 얼마나 잘 먹었으면 농산물 판로를 걱정하는 농민들의 아이돌(idol)이란 별명을 얻었겠는가. 그렇게 먹는데도 살이 찌지 않았고, 특별히 운동하지 않아도 근육량은 친구들보다 훨씬 많았다. "하나님이 어련히 잘 살도록 창조하셨겠는가?" 이런 막무가내 논리로 40대 초반까지는 기초화장품도 일절 바르지 않았다. 심지어 '지문을 주신 이유는 세수할 때 얼굴이 자연스럽게 세척되게 하려는 하나님의 배려'라고 가르쳤던 유영모 선생님의 말씀을 굳게 믿어, 한동안은 비누를 쓰지 않고 세수하기도 했다. 창조된 자연에 순리대로 사는 것이 신앙적 삶, 건강한 삶이라고 믿었다.

나이가 들면서 여기저기가 아파지자 무신경했던 건강에 자연스럽게 관심이 갔다. 통증이 오죽 컸으면 통증에 관한 논문을 다 썼겠는

초창기 부흥회 모습, 장대현 교회(1907)

가?[85] 하지만 더 젊었을 때 건강에 관심을 가지지 않은 것을 후회하면서도, 요즘 나의 사는 모습을 반추해 보면 그러한들 지금과 큰 차이는 없을 것 같다.

다만 예나 지금이나 '나의 건강'은 물론 '타인의 건강'에 관해 목회적으로, 신학적으로 깊게 성찰하지 못한 것이 아쉽다.

이정용 목사는 금식부흥회에서 기진맥진한 성도들에게 연민조차 느끼지 않던 부흥사들의 태도에 크게 실망했다. 그들은 예수님과 달랐다. "내가 무리를 불쌍히 여기노라. 그들이 나와 함께 있은 지 이미 사흘이 지났으나 먹을 것이 없도다. 만일 내가 그들을 굶겨 집으로

---

85 이충범, '통증 및 질병에 대한 그리스도교적 이해', 『신학과 사회(2017)』, '통증 및 질병에 대한 그리스도교적 소비', 『신학사상(2018)』.

보내면 길에서 기진하리라. 그중에는 멀리서 온 사람들도 있느니라 (막 8:2~3)." 이정용 목사의 시각에서 주님은 우리들의 영적 삶뿐 아니라 육체적 건강까지 살피셨던 분이셨다.[86] 오병이어의 기적은 사람들의 고통에 깊이 공감하고 연민하신 주님의 기도에 대한 하나님의 응답이었다.

아마 존 웨슬리도 주님과 같은 마음을 가지셨던 것 같다. 그래서 건강에 관한 웨슬리의 생각을 정리해 보았다.

『기초의학』 이야기

17세기가 되기까지 치유의 영역은 종교가 담당했다. 몸이 아프면 샤먼(Shaman, 주술사)을 찾아가거나 안수 기도를 받았다. 계몽주의와 근대 과학의 발전으로 과학이 치유의 영역에서 큰 영향력을 발휘하기 시작했고, 이로 인해 종교와 과학의 긴장 관계가 만들어지기도 했다. 불치병에 걸리면 병원에 가지 말고 하나님께 의탁하라고 말하는 사이비들이 아직까지도 존재하는 이유이다.

현대 사회에서는 과학이 전적으로 치유의 영역을 담당한다. 이제 종교는 치유의 영역에서 배제되었다. 한 걸음 더 나아가 심리학이나 상담학이 발전하면서 정신적 치유의 영역에서조차 종교는 그 역할을 잃게 되었다. 나는 가끔 '이것이 옳은 길인가' 하고 자문한다.

---

[86] 이정용, 『그 길을 걸으라: 이정용 설교집』, 102.

존 웨슬리의 『기초의학(Primitive Physic)』이 그의 생전에만 28쇄를 찍었을 만큼 큰 인기몰이를 했다는 것은 잘 알려진 사실이다. 웨슬리의 시대는 치유가 종교의 영역에서 과학의 영역으로 막 넘어간 시점이었다. 이를 잘 알고 있던 웨슬리도 이 책을 통해 치유에 대한 과학적 접근을 시도했다. 그러나 그는 사람들의 건강

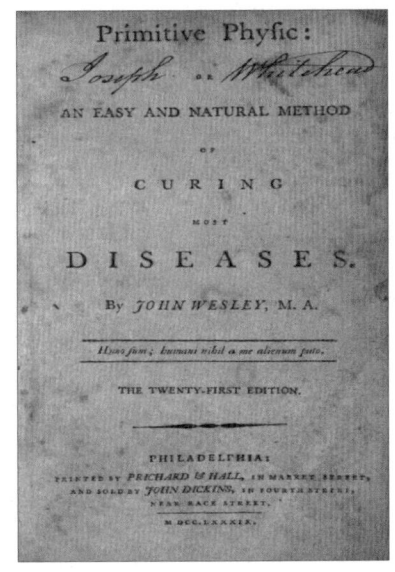

기초의학 초기본

을 위해 종교의 역할이 꼭 필요하다는 믿음을 버린 적이 없었다. 건강과 치유에 관한 웨슬리의 생각은 우리에게 시사하는 바가 크다.

그 첫 번째 원리로, 웨슬리는 창조 질서에 순응하는 것이 건강의 비결이라고 믿었다. 하나님의 창조는 건강한 신체를 전제하는 완벽한 사건이었기 때문이다. 이는 곧 하나님은 병든 인간이 아닌 건강한 인간을 창조하셨다는 뜻이다. 웨슬리는 인간에게 병이 찾아온 것은 인류 사회가 창조의 질서를 왜곡했기 때문이며, '병'이란 창조 질서를 왜곡한 인류의 집단적 죄라고 생각했다.[87] 가령 하나님은 인간이

---

87 John Wesley, *Primitive Physic*, 4th Edition (London, 1847), i.

신선한 공기를 마실 때 건강하게끔 창조하셨으나 우리가 야기한 대기오염이 병을 초래했다는 것이다. 따라서 웨슬리의 건강 원리와 『기초의학』의 기본 틀은 창조 질서를 왜곡하지 않고 성실히 지키는 것이다. 로션을 바르지 않던 내 젊은 시절의 태도가 생각난다.

건강과 치유에 관한 웨슬리의 두 번째 원리는 '자연 치유'에 있다. 웨슬리는 기본적으로 인간이 하나님과 평화로운 관계를 유지하는 한, 모든 피조물은 인간과 평화롭다고 강조한다.[88] 즉 자연과 조화로운 삶은 우리의 건강뿐 아니라 자연의 건강도 보장한다는 것이다. 따라서 병에 걸리거나 상처를 입었을 때 사용할 약도 자연에서 구할 수 있다고 믿었다. "자연의 저자(하나님)는 사악한 사고에 의한 (치유를 위해) 다른 많은 약의 사용을 우리에게 가르치지 않았겠습니까?"[89]

세 번째로, 종교와 같은 전통적 방식과 과학적인 지도가 병행되고 통합되었을 때 온전한 치유가 가능하다는 것이 건강과 치유에 관한 웨슬리의 신념이었다. 이는 웨슬리가 『기초의학』을 집필한 이유이기도 하다.

마지막으로, 가장 중요한 것은 건강과 치유에는 신분이나 계층의 차별이 있으면 안 된다는 것이었다. 웨슬리는 의학의 혜택을 보지 못하는 하층 계급을 위한 교회의 책임이 있다고 보았다. 그는 예수님처럼 고통에 신음하는 사람들에게 깊은 연민을 가졌다. 수많은 병자가

---

88 위의 책, 같은 쪽.
89 위의 책, ii.

웨슬리가 개발한 치료용 전기 기구

고통 가운데 있는 것을 보면서도 아무것도 할 수 없었던 웨슬리는 마음이 괴로웠다. 전문적인 의학 진료가 환우들에게 큰 효과가 있음을 알면서도 그 비용을 감당할 수 없자, 웨슬리는 의학을 연구해서 직접 치유 활동을 하기로 했다.[90] 그가 26~27년 동안 쉬는 시간을 활용해 해부학과 의학을 공부했다는 것이 그저 놀라울 따름이다.

그의 이런 노력은 돈이 없어 의학의 혜택을 보지 못하는 사람들에 대한 깊은 연민이 낳은 결실이었다.

웨슬리의 연민은 복음을 전파하는 과정에 있어서도 국교회의 접근 방식과는 큰 차별성을 가져왔다. 즉 영혼은 물론 성도들의 건강까지

---

90 '메도디스트라 불리는 사람들에 대한 평이한 해설', 『존 웨슬리 논문집 I』, 39~40.

챙기려는 웨슬리의 태도는 실질적인 도움을 받는 하층 계급에게 큰 감동으로 다가갔다. 결국 웨슬리의 치유 사역은 감리회를 국교회와 차별화했고, 국교회가 포용하지 못했던 하층민들에게 효과적으로 복음을 전할 수 있었다.

데보라 매든(Deborah Madden)은 이를 두고 웨슬리가 고답적인 지적 유산을 대중화(downgrading)했다고 간파했다.[91] 또 다른 종교학자는 웨슬리가 치유를 목회에 적용한 것은 국교회와는 다른 접근 방식이 필요함을 절감하고, 그 구체적인 실천 방법들을 모색하는 가운데 선택한 것이었다고 본다.[92]

어찌 되었건 치유 사역이 웨슬리의 감리회를 국교회 및 다른 종교 운동들과 차별화하는 중요한 단서였다는 점은 명백하다. 그런데 이런 상황이 단지 18세기 잉글랜드의 상황에만 적용되는 것일까?

커피와의 사랑을 끝내자

하버드대학교의 과학사 교수이자 정신의학자인 앤 해링턴(Anne Harrington)은 현대인이 다양한 신체적·정신적 고통을 겪는 이유는 현대 사회가 우리에게 한계를 넘어서는 에너지를 요구하기 때문이라고

---

91 Deborah Madden, *A Cheap, Safe and Natural Medicine* (Rodopi: Amsterdam, 2007), 15.
92 박상언, '18세기 영국 사회의 종교와 의학의 상호간섭 현상에 관한 분석', 「영어권문화연구」 8권 1호(2015), 63.

진단했다.[93]

그래서 우리는 강한 정신력을 가지려 하고, 강한 자들의 이야기에 열광한다. 지친 사람들은 방 안으로 숨고, 현실을 피해 판타지 속에서 자아를 탐색한다. 자연인의 은둔생활이 유행하는 이유이기도 하다. 건강하지 못한 DNA를 타고났어도, 물리적으로 그리 길지 않은 생을 살아도, 그리스도와 함께 건강하게 사는 방법, 교회 공동체의 일원들이 함께 행복하게 사는 방법을 찾아야 한다. 이는 그리스도인이, 교회가, 신학자가 짊어져야 할 과제이기도 하다.

오래전 대학에 취업하려 면접을 보는데, 면접관이 "이 대학에 오는 당신의 꿈이 무엇이냐?"고 물었다. 나는 서슴없이 "의대를 만드는 것입니다."라고 답했고, 내 대답을 들은 교수들은 순간 황당해하더니 그냥 껄껄 웃었다. 사람들은 내 대답이 엉뚱한 소리이거나 순박한 소망이라고 생각할 것이다. 하지만 나는 지금도 못 해서 안 한 것이 아니라, 안 하려고 해서 못 하는 것이라고 생각한다. 나는 사람들의 영혼은 물론 육체까지 건강하게 하는 것이 그리스도인과 목회자의 참 사명이라고 믿는다. 그래서 웨슬리언 교회들에 차별화된 병원 하나 없는 것이 참 아쉽다.

여하튼 나는 올해부터 웨슬리의 조언에 따라 커피 음용량을 대폭 줄이기로 결심했다.

---

93 앤 해링턴, 『마음은 몸으로 말을 한다』, 조윤경 역 (살림, 2009), 23.

웨슬리 따라
연대하여 일하기

원숭이 재판의 승자

웨슬리언들에게만 흥미로운 미국 교회의 역사가 있다. 제2차 대각성 운동이 한창이던 19세기 초, 미국의 기독교는 거대한 논쟁의 소용돌이에 휘말렸다.

장로교 목사이자 부흥 운동을 이끌었던 찰스 피니(Charles G. Finney)의 아르미니안적 성향은 곧 극단적 칼뱅주의자들인 프린스턴 신학자 찰스 핫지(Charles Hodge)와 벤자민 워필드(Benjamin B. Warfield)의 반발에 부딪혔다. 논쟁의 폭풍에 휘말린 미국 교회는 20년이 넘도록 이 문제로 씨름했다.

이 논쟁으로 인해 개혁교회는 갈가리 찢겼고, 생각을 달리하던 사람들은 삼삼오오 뭉쳐 제각각 독립했다. 그들은 각자의 생각에 따라 교단과 신학교를 세웠고 바이올라(Biola), 풀러(Fuller), 웨스트민스터(Westminster), 존더반(Zondervan) 등의 신학교들이 연속해서 출현했다.

설상가상으로 아일랜드 출신의 성서학자 존 넬슨 다비(John Nelson Darby, 1800~1882)가 전천년설을 들고 혜성처럼 나타났다.

프린스턴의 성서 무오설과 넬슨 다비의 세대주의 신학은 구두 수선공 드와이트 무디(Dwight L. Moody)의 성령 운동과 합체하면서 강력한 근본주의로 통합되었다.[94] 이 근본주의는 후에 미국의 지성으로 추앙받는 콜롬

존 넬슨 다비

비아대학의 리처드 호프스태터(Richard Hofstadter)에게 미국 반지성주의의 본류로 지목되었다.

그러나 이 시기 근본주의 논쟁, 세대주의 논쟁, 유니테리언(Unitarian) 논쟁에 휘말리지 않았던 침례교회와 감리교회는 제2차 대각성 운동을 통해 비약적 성장을 이루었다. 특히 감리교회는 미국 제1의 교단이 되었는데 미국 역사학자 윌리엄 맥러플린(William G. McLoughlin)은 이 상황을 "감리회는 19세기를 '감리교의 세기'로 만드는 데 성공했다."며 단 한마디로 요약했다.[95] 그리고 지금까지 맥러플

---

94 배덕만, 『복음주의 리포트』 (대장간, 2020), 27.
95 William McLoughlin, *Revivals, Awakenings, and Reform* (Chicago: The University of Chicago Press, 1980), 98.

스코프스 재판

린의 판단에 토를 다는 역사학자는 아무도 없다.

곧이어 20세기 초인 1925년 '원숭이 재판'이라는 희대의 사건이 발생했다. 공립학교에서 진화론을 가르친 교사 스코프스(John T. Scopes)가 고소되어 벌금형을 받은 것이다. 이 사건은 재판 과정이 미 전역에 생중계되었을 만큼 대중의 폭발적인 관심을 끌었고, 테네시주 시골의 작은 마을을 유명하게 만들었다. 그 결과, 미국 대중 사이에는 기독교에 대한 강한 부정적 인식이 확산되었고, 동시에 기독교계 역시 심한 내홍을 겪었다.

이후 감리교와 함께 2차 대각성 운동을 통해 큰 수혜를 누렸던 침례교회가 논쟁에 휘말렸다. 그 결과 미국 침례교회는 심각한 내분을 겪으며 진보 진영과 근본주의 진영으로 분열되었다.

근본주의 진영은 사회 참여 및 활동을 완전히 포기한 채, 근본주의 교리 수호를 교회의 유일한 목표로 삼으며 댈러스(Dallas) 신학교를 설립하기에 이르렀다.[96]

그런데 이번에도 감리교회는 이 논쟁에 무관심했다. 아니 관심을 쏟을 여력이 없었는지도 모른다. 이러한 논쟁과 분열의 시기에 감리교회는 오히려 통합을 시도했다. 1916년 남북감리교회가 통합 논의를 개시했고 1924년, 1935년 두 차례의 토의를 거쳐 드디어 1939년 캔자스시티 총회에서 남북 감리교회가 통합되었다. 그러나 1939년 통합은 둘만의 통합이 아니었다. 20만 명 정도 되는 작은 교회였지만 감리교개신교회(Methodist Protestant Church)가 통합에 합류하여 세 교회가 하나로 뭉치게 되었다.

미국 교회사를 통해 우리는 이웃들이 논쟁하며 분열할 때 미약했던 감리교는 부흥했고, 분열되었던 감리교는 오히려 통합된 사실을 확인했다. 말다툼도 여유가 있을 때 가능하다. 먹고 살기 힘든 사람들은 화려한 정치적 다툼이나 현학적인 학문적 논쟁에 마음을 줄 여유가 없다. 19세기에서 20세기 초까지 미국 감리교회는 아마도 논쟁하는 이웃들에게 "바쁜데 뭔 한가한 소리야!"라고 외치고 싶었는지 모른다.

이웃들이 신학 논쟁에 모든 에너지를 쏟아 몰입할 때, 감리교 설교자들은 말을 타고 서부 황무지를 달리며 목숨 걸고 말씀을 전하고,

---

96 배덕만, 앞의 책, 29.

구역을 만들고, 지역 설교자(local pastor)를 세웠다. 원숭이 재판에서 근본주의는 승소했다. 그러나 엉뚱하게도 최종적인 승자는 그 논쟁과 거의 무관했던 감리교회였다.

요즘 한국 교회는 논쟁 중이다. 교회는 정치 지형에 따라 좌우로 분열되어 있고, 정치는 개신교회의 표를 얻고자 약삭빠르게 좌우로 움직인다. 주말이면 광화문 광장은 태극기, 성조기, 이스라엘 국기, 촛불로 가득 찬다. 그런데 왠지 여타 종교들은 기분 나쁘게 조용하다.

미국 감리교회의 이야기로 돌아가자. 그렇다면 미국 감리교회는 왜 논쟁에서 한 발짝 물러나 있었을까?

논쟁할 시간에 일하자는 웨슬리

"나는 그 누구와도 논쟁하고 싶지 않고, 논쟁하고 있을 시간도 없습니다(vol.19:90)."

위의 언급을 보면 웨슬리는 논쟁하지 않았을 것 같다. 웨슬리는 감리회원들 간의 논쟁을 허락하지 않았다. 신학적 논쟁을 벌이거나 타인을 괴롭히면 처벌을 받기도 했다(vol.19:153). 웨슬리가 논쟁을 의도적으로 회피하려고 한 이유는 다음의 언급에서 명확히 드러난다.

"그렇다고 해서 내가 이전의 칼빈주의, 아르미니안주의, 몬타누스주의, 퀘이커주의, 정적주의 등의 모든 원리들의 혼합체를 주장한다고 말할 수는 없다. 여기에 유대교, 이슬람교, 이교도까지 추가될 수 있을지 모르겠다. 이에 대해서 앞으로도 계속 논의될 것이며, 보다 쉽게 설명될 수 있을 것이다. 나는 그렇게 될 것을 단언한다. 왜냐하면 아직까지는 이와 다른 설명이 나오지 않았기 때문이다."[97]

웨슬리도 주변인들에게 비난을 받았다. 그 비난은 감리회원들의 정체성을 밝히라는 것이었다. 그러나 당시 웨슬리는 위의 고백처럼 자신들의 정체성을 만들어 가는 중이었다. 그래서 그는 "우리에게는 아직 사상적 주장이 연약하고, 예정된 논문도 아직 시간이 더 걸릴 것 같다."[98]며 정체성의 천명을 유보했다. 이것이 웨슬리가 논쟁을 피하고 싶은 이유였을 것이다. 그리고 그해부터 지속해서 감리교도의 정체성에 관한 자신의 신학과 방향을 정리한 글을 발표하면서 '감리회'의 정체성을 구축한다.

웨슬리가 논쟁을 혐오한 데는 또 다른 이유가 있다. 18세기 영어권 부흥 운동에 참여한 사람들은 회개와 중생, 체험 외에는 신학적인 공통점을 가지지 못했다.

부흥 운동이라는 한 우산 아래 칼뱅주의자, 아르미니안, 모라비안, 정적주의자, 침례파, 청교도 등 다양한 사람들이 함께 모였다. 그러다 보니 신학적 차이와 종교 의식의 상이함 때문에 끊임없는 분란이

---

97 '메도디스트의 원리(The Principles of a Methodist)', 『존 웨슬리 논문집 I』, 87.
98 위의 글, 같은 곳.

일어 함께 일하기가 어려웠다.[99] 같은 감리회 신도회 안에서도 서로 다른 생각을 가졌고, 웨슬리 자신도 분란의 당사자이자 희생자가 되었다. 따라서 공동체 내의 평화를 유지하고 분열을 막으려면 웨슬리는 논쟁을 금해야만 했다.

웨슬리가 논쟁을 혐오한 또 다른 이유는 신념 때문이었다. 존 웨슬리는 역사적이고, 사상사적이고, 목회적인 이유로 논쟁을 금지했다. 웨슬리의 시대는 개신교 스콜라주의(Scholasticism)의 100년 분쟁을 넘어선 때였다. 30년 전쟁을 통해 독일과 북유럽 인구의 반이 희생된 시기였다. 웨슬리는 이러한 교리 논쟁의 역사를 익히 알고 있었고, 중세적 잔재인 교리 논쟁의 허탈함을 체험하고 있었다.

그가 토마스 아퀴나스나 장 칼뱅처럼 주제별 교리 및 변증론을 서술한 스콜라적 신학서를 쓰지 않은 이유가 여기에 있지 않을까 추측해 본다. 논리적 모순이 전혀 없는 스콜라적 정합성에 반해

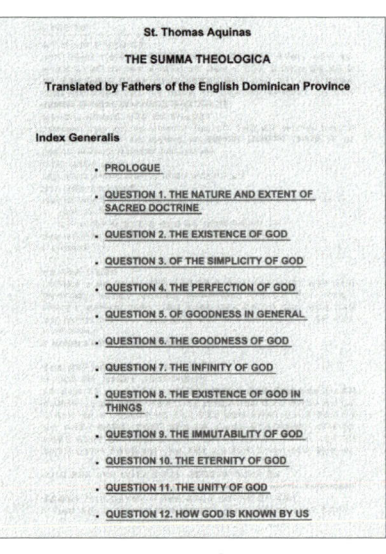

성 토마스 아퀴나스의 『신학대전』 체계

---

99 Richard Heizenrater, *Wesley and the People Called Methodists*, 119.

존 웨슬리는 모순을 믿었기 때문이다.[100]

여하튼 그가 이러한 신학책을 쓰지 않았다는 이유로 웨슬리에게 신학이 없다고 판단하는 것은 오류이다. 웨슬리는 교리 논쟁이 교회에 도움이 되지 않을 뿐 아니라, 진리 추구를 위한 완벽하고 타당한 방법론이 아니라는 것 역시도 너무 잘 알고 있었다.

이러한 웨슬리의 판단은 곧 감리회원들의 정체성 규정에 그대로 적용되었다. 그가 천명한 감리회의 정체성은 어떤 특정한 종교적 신념, 예식, 실천을 가지는 것도 아니며 특정 의견, 특정한 단어나 어구, 특정한 행동, 관습, 관례에 의해 구별되지도 않는다. 그리고 신앙의 한 부분을 전적으로 강조해 구별되지도 않는다.

그래서 웨슬리는 "우리는 기독교의 근간을 뒤흔들지 않는 모든 의견에 관해서는 생각하고 또 생각하게 한다. 그러므로 그것들이 무엇이든 간에, 옳고 그릇됨에 관계없이 메도디스트의 특징이라고 말할 수 없다."라고 단언했다.[101]

감리회와 비감리회를 구별하는 것은 특정한 '신학'이 아니라 믿음과 실천의 '정도(degree)'였다. 즉 감리회원은 "얼마나 하나님을 사랑하고 섬기는가?"의 정도에서 타 신도회와 구별되었다.[102] 그래서 신도회 가입을 희망하는 사람들에게, 그들이 경건한 삶을 추구하고 공

---

100 '메도디스트의 성격', 『존 웨슬리 논문집I』, 75.
101 위의 글, 57.
102 위의 글, 59.

동체에서 평화를 깨뜨리지 않는 한 그들의 신학적 견해를 묻지 않기로 원칙을 정했다(vol.19:153). 칼뱅주의자인 조셉 험프리스(Joseph Humphreys)는 이런 조건 덕분에 감리회에서 평신도 설교자로 일할 수 있었다.

그러나 웨슬리도 평생 수많은 논쟁을 했고, 동지들과도 과감히 결별했다. 심지어 그는 저 언급을 하는 순간에도 논쟁 중이었다. 웨슬리는 그 누군가 감리회의 정체성을 비난하고 공격하고 훼손할 때는 방어적 논쟁을 마다하지 않았다.

마지막으로 진정 웨슬리가 논쟁을 혐오한 이유는 감리회를 신학 공동체가 아닌 일하는 공동체로 만들려고 했기 때문이었다. 이런 웨슬리의 생각은 "나는 저마다 다른 의견에 싫증을 느낀다. 그 논쟁들을 감당하기에 피곤하다. 나는 확실하고 실천적인 종교를 원한다."라는 말 속에 함축되어 있다.

흔히 웨슬리를 실천신학자로 부른다. 웨슬리 역시 실천(practical) 혹은 실험(experimental) 신학이라는 용어를 즐겨 썼다. 그에게 신학이란 성서의 진리와 내적 체험을 실험하고, 실천하고, 실현하는 목회였다. 그래서 실천신학을 "사람들 스스로 성서의 진리를 시험할 수 있는 은총의 수단"이라고까지 말했다.[103]

---

103 케네스 콜린스, 『존 웨슬리의 신학』, 이세형 역 (kmc, 2012), 14~5.

결탁하지 말고 연대하여 일하자

우리는 역사를 통해 배운다. 부정적인 것은 반면교사로 삼고 긍정적인 것은 시대적 적용을 거쳐 배움으로 삼아야 한다. 그래서 아름답고 자랑스러운 연합감리교회(UMC)의 분열을 보는 내 가슴이 정말 깊게, 많이 아프다. 이유 여하를 막론하고, 논쟁과 분열 때문에 입는 선교적 피해는 인내하고 바로 잡는 시간 때문에 생기는 피해보다 훨씬 더 극심하다는 것을 역사는 명확히 보여주었다.

감리교회는 신학적 공동체가 아니라 일하는(목회하는) 공동체이다. '사랑의 종교', 이것은 감리교의 근본적 원리이자 해석학적 열쇠이며, 이 사랑은 "하나님에서 출발해 지구촌의 가장 춥고 어두운 곳까지 깊숙이 스며 들어가야 하는" 그런 사랑이다.[104]

웨슬리의 말씀이 유독 마음 깊이 와닿는 하루다.

> "손을 잡으라는 말을 통해 '나는 내 의견과 하나가 되시오'라고 말하지 않습니다. 당신은 또 그럴 필요가 없습니다. 나는 기대하지도 않습니다. 또한 '내가 당신의 주장에 따르겠습니다'라고 말하지도 않겠습니다. 그럴 필요도 없습니다…. 모든 주장은 이편이든 저편이든 그대로 놓아둡시다. 그리고 단지 (사랑의 사역을 위해) 내 손을 잡으십시오(3권:70)."

---

[104] 클라이버, 마르쿠르트, 『감리교회신학』, 조경철 역 (kmc, 2007), 394.

04
인생 설계

—

의미로 꽉 찬
영원한 행복의 향유를 위해

웨슬리 따라
갓생 살기

웨슬리 따라
시대 활용하기

카톡으로 우울한 대화를 했던 웨슬리?

"구글 드라이브(Google Drive) 써?"

"아니, 나는 티맵(T-map) 써."

얼마 전 친구와 나눈 메신저 대화 내용이다. 윈도우가 출시된 직후, 통신회사 직원이 전화로 윈도우 창을 열라고 했더니 진짜 방의 창문을 열었다는 오래된 농담이 생각나는 순간이다.

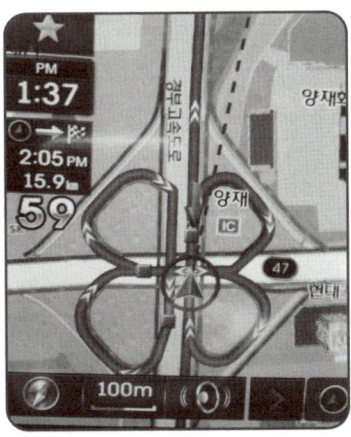

오류투성이 내비게이션. 경부고속도로 양재 교차로를 저렇게 돌게 만들어 저곳에서만 한 시간을 소비했다.

세상은 바뀌어도 너무 빨리 바뀐다. 빨리 바뀌는 것은 그나마 견딜 만하다. 세상은 급속히 변화할 뿐만 아니라 도저히 상상조차 할 수 없는 신기한 세계로 바뀌고 있다. 사람들은 이런 세상을 4차 산업혁명의 시대라고 부른다. 나 같은 세대가 따라잡기 버거운 속도와 모습으로 세상은 바뀌고 있다.

커피를 시키거나 물건을 살 때면 나는 일단 스트레스부터 받는다. 카드가 두둑한 지갑에서 적립과 할인에 적합한 카드를 찾는 것 자체가 부담스럽다. 인터넷을 통해 물건을 사고 결제 버튼을 누를 때마다 '오류 난 것은 없을까?' 하는 불안감에 시달린다. 호주머니에 현금을 넣고 다니면서 버스를 탈 때엔 토큰을 내고, 출근 도장을 찍으며 사회를 배웠던 내 세대가 갖는 공통적인 심리 현상일지도 모른다.

히스테리아(Hysteria), 멜랑콜리아(Melancholia), 거식증, 신경쇠약 등은 시대가 급변하던 격동기에 나타났던 질병들의 이름이다. 우울증, 소진증후군, 주의력 결핍, 과잉행동장애가 증가하는 것을 보아 이 시대가 격변기인 것은 분명한 것 같다. 스스로 선택한 죽음이 증가하고, 자연인 프로그램이 인기를 끌며, 운명을 예측하는 집들이 길거리 곳곳에 생겨나는 것을 보면, 요즈음이 미래를 예측하기 어려운 불안의 변혁기인 것은 분명하다.

이 대목에서 '웨슬리가 지금 우리 시대에 살고 있다면 어떻게 생각하고 말하고 행동했을까? 그도 핸드폰으로 카카오톡을 하고 롤(League of Legends, 약칭 LoL)을 즐겼을까?' 하는 엉뚱한 궁금증이 올라온다.

존 웨슬리(1703~1791) 역시 지금만큼 '격변'하는 시기를 살았다. 그의 시대는 단순히 변화의 시대를 넘어서 인류 역사상 가장 중요하고 큰 변곡점을 맞이하고 있었다.

당시 영국을 위시한 서유럽에서는 사상, 문화, 경제, 종교, 정치 등을 총망라한 대규모 지각변동이 순식간에 발생했다. 이 지각변동을 통해 자본주의 사회라는 새로운 구조물이 융기했고, 인간 공동체의 모든 구성원은 새로운 구조물 속에서 자리매김을 시작했다.

웨슬리 역시 우리처럼, 아니 어쩌면 더 지독한 변혁과 불안의 시대를 온몸으로 맞고 있었다. 그렇다면 그는 그런 시대에 어떻게 반응했을까? 정면으로 부딪쳤을까? 깊은 산 속으로 도피했을까? 아니면 시류를 타고 좌충우돌했을까?

나의 결론은, 놀랍게도 웨슬리가 시대의 거친 파도의 강력한 힘을 이용해 유유히 미래로 순항했다는 것이다. 이 결론을 뒷받침하는 많은 역사적 사실 중 몇 가지를 들여다보려고 한다.

인터넷 소통망을 적극 활용한 웨슬리

웨슬리는 말을 타고 선교 여행을 하면서 평생에 걸쳐 25만 마일 이상을 이동했다. 어떤 해에는 일 년에 4천 마일을 여행했다고도 한다. 기차와 자동차가 없던 시절에 도무지 상상할 수 없는 여행을 한, 복음에 대한 그의 열정이 경이롭다.

그런데 웨슬리의 선교 여행을 좀 더 세밀하게 살펴볼 필요가 있다. 산업혁명이 시작되기 전, 잉글랜드의 도로는 거의 개발되지 않았다. 개발의 필요성이 적었기 때문이다.

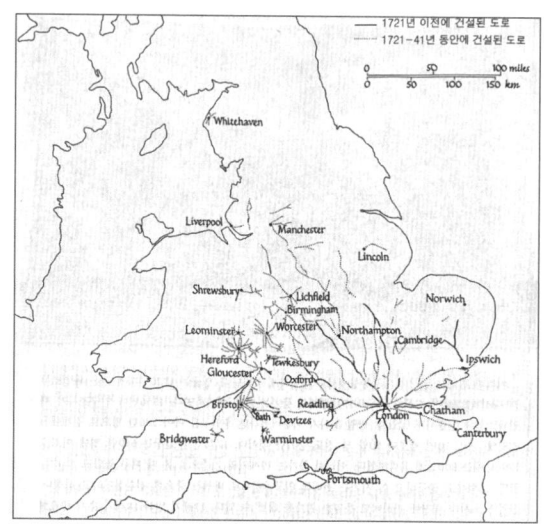

〈그림 1〉
1741년 도로망

〈그림 2〉
1770년 도로망

기존의 도로(그림1 참조)는 도로가 지나는 근처 교구 주민들의 의무 노동으로 관리되었다.[105] 하지만 산업혁명으로 물동량이 늘어나자 도로는 주민들의 의무 노동으로 감당할 수 없을 만큼 심하게 파손되었다. 게다가 대량 생산으로 원료와 완제품의 물동량이 혁신적으로 증가함에 따라 잘 정비된 넓은 도로가 필요했다.

 역사학자 폴 망투(Paul Mantoux)에 따르면, 웨슬리가 다녔을 것으로 추정되는 런던-브리스톨 간의 도로는 제대로 관리되지 않아 바위와 구덩이가 가득한 암석 도로였다. 현재 브리스톨 턴파이크(Bristol Turnpike)로 불리는 이 고대 도로 'A4'는 차로 2시간 정도 걸리는 거리이다. 1739년 웨슬리는 이 구간을 두 차례(3/29~31, 11/1~3) 여행했는데, 당시 이 길을 통과하려면 2박 3일이 필요했다(vol.19:46, 119).

 열악한 도로는 1745년부터 일반유료도로조례(General Turnpike Act)가 전국적으로 실시되며 폭발적으로 발전했다. 이 제도는 도로를 건설한 후 일정한 통행료를 징수하여 도로를 보수·관리하는 법이었다. 이에 따라 수많은 건설 회사가 설립되었고, 1770년 이 사업이 완성되었을 때 영국 전역에는 세계 최초로 거미줄 같은 도로망이 연결되었다(그림2). 2박 3일이 걸리던 런던-브리스톨 구간의 이동 시간은 16시간으로 단축되었고, 4박 5일이 소요되었던 런던-요크 구간의 이동 시간은 이틀로 단축되었다. 여기에는 몇 가지 재미있는 사실이 있다.

---

105 여기 사용된 지도는, 케네스 모건 엮음, 『옥스퍼드 영국사』, 영국사학회 역 (한울아카데미, 2003), 436~7에서 가져옴.

브리스톨로 가는 당시 이정표

첫째, 통합도로망 건설에 반대했던 웨슬리는 정작 턴파이크가 건설되자 이 도로망을 철저하게 활용하며 선교했다. 랄프 왈러(Ralph Waller)에 의하면 웨슬리는 당시 잉글랜드에서 가장 많은 통행료를 낸 사람 중 하나였다.[106] 그뿐 아니라 웨슬리는 내심 이 도로망 건설에 깊은 관심을 가졌다. 그는 '유료인 통합도로망이 가난한 사람들을 배려하지 않는다'고 불평하기도 했고, 서스크-스톡슬리(Thirsk-Stokesley) 구간을 무료로 제공한 회사를 칭송하기도 했다(vol.22:233).

둘째, 웨슬리는 도로망 개통에 따른 자신의 선교 전략을 치밀하게 계산하고 실천했다. 그는 처음 10년간 런던과 브리스톨 선교에 집

---

106 랄프 월러, 『존 웨슬리』, 강병훈 역 (kmc, 2004), 177.

중했다. 그러나 도로망이 개통되자 선교 지역을 서서히 북쪽으로 확장하며 요크(York), 뉴캐슬(Newcastle), 웨이크필드(Wakefield), 리즈(Leeds) 주변 지역과 아일랜드 선교에 헌신했다. 왈러는 웨슬리가 발가는 대로 전국 순회한 것이 아니라, 도로망을 따라 침투하기 쉬운 사회 단위를 전략적으로 공략했다고 단언한다.[107]

정리하자면 웨슬리는 변혁하는 새 시대의 장치를 거부하지 않고 복음 전도에 알뜰하게 활용했다.

MZ세대를 찾아 나선 웨슬리

한 시대에 비극적 사건인 식민지 시대와 내전, 군사 독재와 민주화 운동, 서구화와 비약적인 경제 발전을 모두 경험한 세대가 공존하는 것은 세계적으로 유례가 없는 일이다. 지금 한국의 상황이다. 즉 우리나라에는 일제강점기, 분단, 내전, 독재, 민주화, 그리고 한류와 경제 발전을 경험한 세대들이 지하철 한 칸에 함께 모여 있다. 우리나라가 전 세계에서 세대 갈등이 가장 큰 나라임이 전혀 이상하지 않다.[108] 그만큼 다른 세대를 이해하기는 쉽지 않다. 그 중에서도 최근 젊은 세대를 이해하기는 무척이나 난이도가 높다. 마블 영화를 접하지 않고 성장했던 내 세대가 스파이더맨의 숙모가 죽는 장면에서 눈

---

[107] 위의 책, 170~1.
[108] 이충범, '한국 사회의 갈등과 소통·대화공동체', 이찬수 외, 『아시아 공동체와 평화 : 열 가지 시선』(모시는사람들, 2020), 32.

물을 흘리는 디지털 세대를 이해하기란 쉽지 않다.

웨슬리의 시대에도 이제까지 존재하지 않았던 신인류가 탄생했다. 그들은 품삯으로 보리쌀 두 말을 받는 대신 월급이라는 것을 받았다. 가족 공동체에서 살지 않고 홀로, 그러나 그들끼리 모여 살았고, 먹거리를 생산하지 않고 화폐를 주고 음식을 사 먹었다. 농사철에 따라 움직이지 않고 벽에 걸린 시계에 따라 움직였고, 시간을 돈으로 간주했다. 그리고 그들은 자신의 노후와 복지를 가족 공동체에 맡기지 못하고 스스로 해결해야만 했다.

신인류는 지독한 차별과 억압으로 고통받았고, 그들이 정상적인 삶으로 되돌아올 때까지 100년이라는 시간이 걸렸다. 그들의 이름은 노동자였다. 웨슬리는 킹스우드, 브리스톨, 웨이크필드, 뉴캐슬, 리즈, 글로스터 등 그들이 모여 사는 곳이면 어디든지 찾아가서 말씀을 전하고 그들을 돌보았다.

웨슬리와 현대인은 시대는 다르지만 극적인 변혁기를 살고 있다는 점에서 동일하다. 300여 년 전 웨슬리는 시대의 변혁을 적극적으로 품고 받아들여 목회의 대상과 방법론으로 삼았다. 다시 말하면 그는 시대 변화를 거부하거나, 도피하거나, 구경만 하지 않고 적극적으로 응전한 사람이었다.

새로운 파도가 몰려올 때 아무리 막아서도 파도는 결코 되돌아가지 않는다. 찰랑거리는 물살을 타고 다니는 것은 시류에 편승하는 것이지만, 거대한 물결을 거부하는 것은 몰역사적이다. 급격하게 변하여 불안이 가득한 현시대, 사부 존 웨슬리에게서 해답을 구해 본다.

웨슬리 따라
대중문화 포용하기

사탄의 자식

한때 록(Rock) 음악을 좋아하면 '사탄 부부에게 강제 입양'되던 때가 있었다. 나 역시 그러했다. 학창 시절, 나는 대중음악보다 훨씬 진보적이던 록 음악을 무척 좋아했다. 당시에는 이런 장르의 음원을 구하기가 어려웠기에 이태원의 미군 부대 앞을 뒤져 해적판을 사서 음악을 듣곤 했다. 그렇지만 나는 음악을 마음껏 즐기지 못했고, 마음 한구석에 죄책감을 쌓기도 했다.

한동안 음악 감상을 완전히 끊어보기도 했지만 기분이 좋을 때, 우울할 때, 좌절감을 느낄 때, 답답할 때 등 감정이 동요할 때면 간절히 음악이 고팠다. 금단 현상과 비슷한 경험을 하며 나 자신을 경멸하기도 했다. 어쩌다 음악을 들으면 마치 약물 중독자가 깨어나 현실을 깨닫듯 후회가 밀려왔고 이내 회개의 기도를 하곤 했다.

당시에는 교회의 청소년 집회에서 '록은 사탄의 음악'이라고 침을 튀겨가며 역설하고 두꺼운 봉투를 챙겨가던 사람들이 있었다. 성인

이 된 후 어린 시절의 나에게 죄책감(guilty feeling)을 심어주며 돈벌이를 했던 그 사람들을 한 번 만나보고 싶다고도 생각했다. 만약 그런다면 그 사람들에게 "아직도 그렇게 설교하고 다니냐?"고, "당신 교회에서는 어떻게 찬양을 하느냐?"고 묻고 싶었다.

이들은 록 음악의 약발이 떨어지자 장르를 바꾸었다. 로큰롤에서 록으로, 록에서 디스코로, 디스코에서 뉴에이지로, 뉴에이지에서 힙합으로, 힙합에서 랩으로 이들의 비난의 대상은 계속 바뀌었다. 한때는 또 '포스트모던(postmodernism)'에 대해 유사한 소란을 피우기도 했다. 그러나 그들의 혐오 덧씌우기는 6~70년대에 '록=사탄'의 공식을 강매할 때만큼 큰돈이 되지 못하는 듯하다.

대중음악에 죄책감을 뒤집어씌우는 일은 비단 록에 한정된 것이 아니다. 이는 모든 '미국적인' 음악이 탄생할 때마다 반복되는 사건이었다. 학창 시절부터 취미로 색소폰을 불던 하버드의 신학자 하비 콕스(Harvey G. Cox Jr.) 역시 자신이 좋아하던 찰리 파커(C. Parker), 듀크 엘링턴(D. Ellington), 카운트 베이시(C. Vasey)의 음악을 들을 때면 이 음악이 자신을 그리스도에게서 격리해 교회를 떠나게 할지 모른

다는 불안에 시달렸다. 교회에는 들고 갈 수조차 없는 색소폰을 불 때도 그는 같은 생각을 했다.[109]

현재 미국 문화의 찬란한 금자탑으로 추앙받는 재즈조차도 한때 '사탄의 음악'이라는 혐오와 폭력에 시달렸다.

훗날 미국에서 미국 교회사를 공부하면서 나는 이것이 단순한 종교 문제가 아니라 국가와 종교의 일치를 목표로 건국된 미국의 특별한 현상 중 하나임을 알게 되었다. 대중음악에 대한 탄압은 기독교계는 물론 학부모단체(PTA), 정보기관(CIA), 수사기관(FBI), 방송언론, 지식인 등이 촘촘하게 관련된 매우 정치적인 음모였다. 이러한 탄압은 이른바 '미국식 국가'를 완성해 가는 과정에서 발생한 찌꺼기들이었다. 하지만 권력과 폭력이 총출동한 작전에도 불구하고 거대한 문화의 흐름과 시대 조류는 막을 수 없었다. 그 어떤 문화라도 저질 콘텐츠가 있기 마련이다.

1990년대 초, 미국에 도착한 직후의 일이다. 청소년 집회에 참여하려고 체육관의 거대한 주차장으로 진입하는데, 주차장 바닥이 마치 지진이라도 난 것처럼 흔들렸다. 주차장 입구에서 체육관이 멀리 떨어져 있음에도 불구하고 진도 3~4 정도의 지진처럼 땅이 울렁였다. 체육관은 록 음악의 강렬한 전자음과 타악기 소리, 흥분한 10대들의 환성과 춤으로 폭발할 것만 같았다. 일본 잡지 『Music Life』에서 서구

---

109 하비 콕스, 『영성, 음악, 여성: 21세기 종교와 성령운동』, 유지황 역 (동연, 1998), 209~11.

의 록 공연 모습을 보며, 록 공연장을 '어른이 되면 제일 먼저 가보고 싶은 위시리스트 1번'으로 정해놨던 나조차도 감당이 되지 않았다.

10분도 채 버티지 못하고 밖으로 나온 나는 체육관 계단에 앉아 기도했다. "하나님, 이게 공연입니까? 예배입니까? 아무리 내가 록을 좋아했더라도 이건 아니지 않습니까?" 하지만 나는 곧 이런 교회 문화에 적응했다. 현재 록 없이 찬양하는 교회는 단 한 곳도 없다. 통성기도 때는 뉴에이지 음악이 단골로 쓰인다. 시간은 나 같은 사탄의 입양아들을 자연스럽게 파양해 주었다.

노래하는 형제, 웨슬리

영성 신학자 필립 쉘드레이크(Philip Sheldrake)는 "웨슬리 영성의 가장 두드러진 특징은 찬송"이라고 단언한다.[110] 또한 감리교 역사학자 데이비드 햄튼(David N. Hempton)은 "감리교의 핵심을 담은 단 한 권의 책을 꼽는다면 그것은 1780년에 출간한 『감리회원이라 불리는 사람들을 위한 찬송가 모음집』"이라고 거침없이 말한다.[111] 그만큼 감리교 운동은 음악과 노래에 특화된 종교 운동이었다. 그러나 웨슬리가 살던 시대는 일반인들이 음악을 쉽게 접할 수 없는 시대였다.

---

110 필립 쉘드레이크, 『미래로 열린 영성의 역사』, 정병준 역 (한국장로교출판사, 2020), 240.
111 데이비드 햄튼, 『성령의 제국 감리교』, 이은재 역 (CLC, 2009), 109.

우리가 익히 아는 고전 음악은 귀족들을 위한 음악이었다. 유럽의 근대 음악이 다른 지역에 비해 발전할 수 있었던 것은 예인(藝人)이 면천(免賤)할 수 있었던 유일한 지역이 유럽이었기 때문이다. 교회도 마찬가지였다. 회중이 직접 노래를 부르기 시작한 역사는 생각보다 짧다. 유럽에서 만들어진 최초의 회중을 위한 찬송가는 1501년 후스파(Hussites) 기독교인들의 찬송집으로 추정된다.[112]

종교개혁 이후 잉글랜드에서는 시편 찬송이 유행하기 시작했다. 그러나 시편은 운율을 붙여 노래로 부르기에 적절하지 않았다. 17세기부터는 이러한 시편 찬송에 대항하여 창작 찬송시가 인기를 얻기 시작했는데, 이때 등장한 사람이 찬송가의 아버지 청교도 아이작 와츠(Isaac Watts)이다. 찰스 웨슬리가 아이작 와츠를 잇는 찬송시 작가라는 것은 당시나 지금이나 널리 알려진 사실이다.

그러자 비국교도 사이에서 또 다른 논쟁이 시작되었다. 그들은 '시편찬송이냐, 찬송시이냐'가 아닌 '회중들에게 찬양을 허용해도 되는가'라는 문제에 봉착했다. 이에 대부분은 반대를 표명했으나, 일부 교회가 1680년대 중반부터 회중 찬양을 시작했던 것으로 보인다. 특히 특정파(침례파의 두 파벌 중 하나로, 칼뱅파라고도 불린다) 침례교에서 적극적으로 회중 찬양을 했다.[113]

---

112 윌리엄 레이놀즈, 밀번 프라이스, 『찬송가학』, 이혜자 역 (이화여자대학교출판국, 1997), 87.
113 앞의 책, 91.

웨슬리 형제의 어머니는 시편 찬양을 했고, 아버지는 교구 성가대에서 활동했다. 이와 더불어 아이작 와츠의 찬송들과 모라비안 교도들의 『찬양시간(Singstunde)』을 들으며 자랐기에, 웨슬리 형제는 회중찬송을 적극적으로 예배에 도입했다.

이들은 무엇보다도 찬송이 감성을 고양하고 영혼의 열정을 불러일으키는 수단이 될 것이라고 확신했다(vol.7:777). 그리고 "왜 좋은 곡들은 악마가 가져야 하는가?"라며 대중음악을 교회의 것으로 만들고자 했다(vol.7:31). 웨슬리 형제가 대중음악을 찬송곡으로 활용한 대표적인 사례가 존 람페(John F. Lampe)의 〈대축일을 위한 찬송가〉이다.[114] 독일 출신인 람페는 이미 런던에서 오페라 작곡자로 대중적인 인기를 끌고 있었다. 람페는 찰스 웨슬리와 찬송가 작업에 함께 참여한 것으로도 잘 알려져 있다.

다양한 계층에 편만했던 감리회 운동은 모든 이를 아우를 만한 대중적인 장치가 필요했다. 그래서 찬송을 통해 하나님의 말씀이 감리회원들의 마음과 의지에 깊이 스며들도록 했다. 감리회 찬송은 다양했고 대중적이었다. 감리회원들은 전통적인 방식의 예배 외에도 공연처럼 진행되는 예배, 남녀가 번갈아 가며 노래하는 대화식 찬양, 여성들만 찬양하는 예배 등을 통해 다양한 형식으로 찬양했다.[115] 또한 가난한 노동자 계층을 아우르고자 대중적인 곡들을 과감히 차용

---

114 박창훈, '웨슬리안 부흥운동과 찬송(시)', 『성경과 신학(제52권, 2009)』, 156.
115 위의 글, 155.

했고, 이로써 대중은 회한과 두려움, 고통과 슬픔, 소망과 기쁨의 심정을 쉽게 표현할 수 있게 되었다.[116]

형식의 다양성은 곧 내용의 다양성을 수반했다. 널리 알려진 전래 동요를 활용하기도 했고,[117] 영국, 스코틀랜드, 아일랜드 민속 음악을 차용하기도 했다. 특히 찰스는 노동자들에게 다가가고자 "취한 자, 음탕한 자, 가벼운 자들이 영혼의 파멸 속으로 밀려들어 가는구나…. 누가 먹잇감 위로 날아가 상을 받고, 음탕한 애인을 습격할 것인가?"[118]와 같은 자극적인 작시도 마다하지 않았다.

이뿐만이 아니다. 웨슬리는 당시 인기 작곡가였던 존 람페나 헨리 퍼셀(Henry Purcell)의 곡을 이용해서 찬송하기도 했다. 또한 헨델의 곡에서도 곡조를 가져왔다.

대중문화의 수용력

하비 콕스는 재즈와 오순절 성령 운동이 서로 관계하며 미국 문화가 발현했다고 보았다. 그래서 이 둘은 미국이라는 신생국이 낳은 최고의 문화 형제들이다.[119] 성령 운동과 재즈의 다양한 공통점 중 하나

---

116 김진두, 『웨슬리의 실천신학』 (kmc, 2006), 389.
117 박창훈, 위의 글, 156.
118 이현주, 『예수, 그분은 내 음악의 영혼』 (신앙과지성사, 2019), 13~14.
119 하비 콕스, 앞의 책, 212.

재즈 색소폰의 전설 존 콜트레인

미흑인정교회 성인 존 콜트레인

가 이들이 모두 B급 문화에서 발전했다는 것이다. 재즈를 창조했던 미국의 흑인들은 재즈 색소폰의 천재 존 콜트레인(J. Coltrane, 1926~1967)을 추앙하며, 일부 교회에서는 요절한 그를 흑인해방을 위해 하나님이 내신 성인으로 추앙하며 재즈 가스펠로 찬양을 드린다.

초기 감리회 사람들은 다양한 유형의 음악을 거부감 없이 수용하면서 은혜의 도구로 선용했다. 이 대목에서 작금의 교회 쇠퇴 현상을 바라보는 감리교 역사학자의 지적이 뼈아프게 느껴진다.

"감리교는 서구 문화의 역사 가운데 특정 시기에 잘 적응한 종교 유형이면서 동시에 그 문화가 사라져 버리는 가운데 생존에 실패한 것이다."[120]

우리는 새로운 문화를 두려워해서는 안 된다. 오히려 대중문화를 적극적으로 '기독교화', '교회화' 해야 하고, 더 나아가서 새로운 웨슬리언 대중문화를 창출해야 한다. 이유는 너무 당연하다. 웨슬리의 시대도, 지금도 선교의 대상은 그 누구도 아닌 '대중'이기 때문이다.

---

[120] 데이비드 햄튼, 앞의 책, 284.

웨슬리 따라
중용中庸 실천하기

네가 왜 거기서 나와?

언제, 어디에서 생긴 유행어인지 모르겠다. 다만 요즘 전혀 상상하지 못했던 현장이나 의외의 장소에서 지인을 만났을 때 "네가 왜 거기서 나와?"라는 말을 자주 사용하는 것 같다. 참 간명하면서도 많은 뉘앙스를 내포하는 말이다. 가끔 '너 왜 거기 있어?'라는 궁금증이 생기곤 하는데, 이 경우 대부분 '저럴 줄 몰랐는데….'와 같은 놀라움과 실망감이 뒤따른다.

그런데 이 말을 들을 때마다 내 머릿속에는 귀엽고 불쌍한 박쥐가 떠오른다.

우리는 이리 붙었다, 저리 붙었다 하는 사람을 '박쥐 같은 사람'이라는 표현을 써서 비난한다. 하지만 대부분의 사람이 겉으로는 욕을 할지 몰라도 내심 박쥐 같은 사람이 되고 싶어 한다. 박쥐 같은 사람을 보며 '적이 없다', '원만하다', '자기주장을 하지 않는다'고 찬양하니 말이다. 적을 만들지 않고 영리하게 처세하려면 속내, 즉 자기 생각이나 주장, 감정을 숨겨야 한다고도 말한다. 간혹 인간 박쥐처럼 영혼 없이 유불리만을 따져가며 이리저리 붙을 줄 아는 것이 훌륭한 처세라고도 한다.

어쨌든 징그럽다, 음침하다, 괴기스럽다는 편견으로 이래저래 억울함이

귀여운 토끼박쥐

쌓인 불쌍한 박쥐는 요즘 그 억울함이 극에 달한 모양이다. 인간들이 자행한 생태계 파괴의 결과를 박쥐에게 뒤집어씌워 전 인류의 돌팔매를 맞게 되었으니 말이다.

그런데 진실로 그 정체성을 명확히 알기 힘든 사람은 바로 존 웨슬리이다. 오죽했으면 형과 함께 신도회를 돌보러 아일랜드에 간 찰스가 다음과 같은 일기를 남겼을까.

"장로교인들은 우리를 장로교인이라 하고, 교회에 다니는 사람들은 우리를 자기들의 목사처럼 생각했다. 가톨릭 신자들은 나를 훌륭한 가톨릭이라고 믿었다."[121]

---

121 Charles Wesley, *The Journal of the Rev. Charles Wesley*, vol. 2, ed. Thomas Jackson (London: Hutchinson and Co., 1849), 2:31.

심지어 잉글랜드에서조차 '존과 찰스가 암행하는 예수회 수사'라는 소문이 돌았다. 신학교나 교회에서의 존 웨슬리의 삶은 따로 언급하지 않아도 될 정도로 많이 알려졌다. 그런데 한 인간으로서 웨슬리의 태도를 곱씹어보면 그가 어떤 인물인지 종잡을 수 없는 부분이 너무나도 많다. 그의 출생부터가 그렇다.

박쥐 웨슬리?

웨슬리의 고조부는 잉글랜드 남부 데본(Devon)주 기사였다. 그의 후손들이 대학 입학과 사제 서품에 열을 올린 것은 당시 준 귀족이었던 기사 계급이 몰락하는 시대적 상황 때문이었다.

당시 데본주가 속한 잉글랜드 남서부는 전통적으로 휘그(Whig)당 성향이 강한 비국교도들의 온상지였는데, 웨슬리의 증조부와 조부는 모두 비국교도였고 그 때문에 사제직을 박탈당했다. 특히 조부인 존 웨스틀리(John Westley, 1636~1678)는 크롬웰(Cromwell)의 강력한 지지자로서 『종교통일령』을 거부하다 파직되어 평생을 떠돌이 설교자로 살았다. 42세에 요절한 그는 교회 묘지에도 묻히지 못해 현재까지도 그의 매장지를 찾지 못했다.

그런데 웨슬리의 아버지 사무엘이 갑자기 국교도로 개종했고, 휘그당이 아닌 토리당, 공화정이 아닌 절대왕정을 옹호하기 시작했다. 사무엘의 행보는 반일 무장투쟁을 하던 독립군의 아들이 친일파가 된 것만큼이나 파격적이었다.

또한 사무엘은 세 아들을 두었는데, 이 세 아들의 행보 역시 부친과는 달랐다.

복음주의적 메시지, 열광주의 집회, 야외 설교, 보수적인 생활 방식, 개인적 종교 체험과 구원의 확신에 대한 강조, 소그룹 활동, 평신도 참여 등 웨슬리 형제의 신학과 행보는 비국교도들의 신학과 완벽히 일치한다.

그럼에도 불구하고 존과 찰스는 국교회와 국왕에 대한 충성을 지속해서 맹세한다. "내가 존경하고 사랑하는 폐하를 위해 내가 할 수 있는 모든 것은…. 나는 매일 공적으로나 사적으로 왕의 모든 적들이 혼란에 빠지도록 하나님께 부르짖습니다." 그리고 웨슬리는 필요할

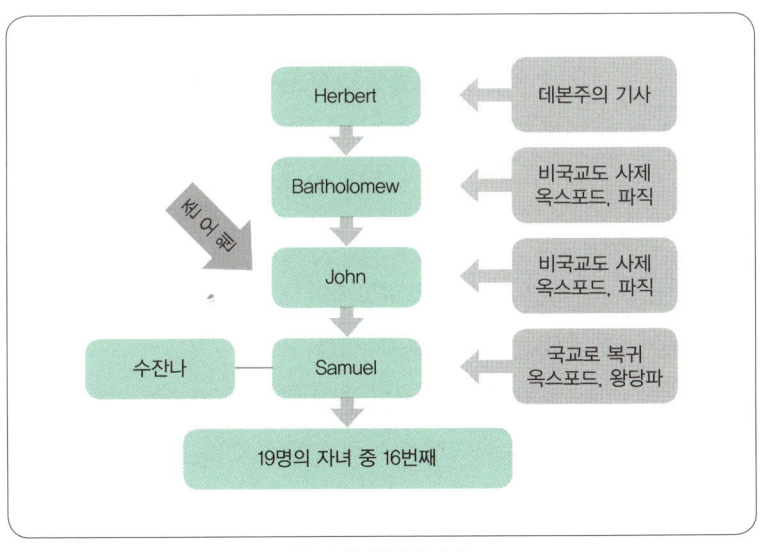

웨슬리 친가(親家) 가계도

때마다 감리회원들에게 국왕을 하나님 두려워하듯 섬기라고 권고한다(vol.26:152).

국교회에 대한 충성심도 마찬가지였다. 브리스톨 예배실(New Room)은 준공 직후, 「종교자유령」이 보호하는 비국교도 집회소로 등록되지 못했다. 이때까지도 감리회원들이 국교도로 분류되었기 때문이다. 찰스 웨슬리는 형보다 국교회에 더 강한 집착을 가지고 있었는데, 이것은 존과 찰스 사이를 조금 멀어지게 했다. 하지만 존과 찰스는 죽을 때까지 국교회 사제직을 포기하지 않았다.

존 웨슬리는 한 발은 국교회에, 또 다른 한 발은 비국교회에 걸치고 줄타기를 하며 일생을 보낸 셈이다. 이러한 행보는 단지 정치적·종교적인 면에 국한되지 않는다.

웨슬리는 누가 뭐래도 계몽주의자였다. 그는 영국 합리론의 대명사인 존 로크의 저술을 읽고 나서 존경을 표했고, 물리학의 창시자인 아이작 뉴턴의 업적을 대단히 좋아했다. 그리고 설교 곳곳에서 이성의 기능과 역할을 강조했으며, 과학과 의학에 대한 맹목적인 신뢰를 가지고 있었다.

그럼에도 불구하고 웨슬리가 전통적인 신앙과 미신을 고수했음을 그의 저술 곳곳에서 쉽게 찾아볼 수 있다.

가령 웨슬리는 천사 숭배나 성인 숭배에 대해 '창조주에게 돌아갈 영광을 피조물에게 돌리는 무지와 미신의 소치'라고 비판하면서도, 전통적인 수호천사의 존재나 역할, 기능은 완벽하게 신뢰했다. 심지어 천사의 보호를 누리는 자야말로 행복한 사람이라고 결론짓기도

했다(4권:45).

감리회 운동은 동시대를 살아가는 사람들에게 '광신주의자들(enthusiast)'이라는 비난을 수없이 받았는데, 웨슬리의 집회는 충분히 그런 비난을 받을 만했다.

횟필드조차 웨슬리의 이러한 방식을 심각하게 염려하였다. 야외 집회에서 웨슬리가 심하게 흥분한 사람들을 저지하기는커녕, 오히려 부추기는 것을 보았기 때문이다(vol.25:660). 훗날 로날드 녹스(Ronald A. Knox)는 역사 속의 열광주의를 정리하며 웨슬리를 '영국 종교를 자신들의 영역인 체험의 반열에 올려놓은 인물'로 정의했다. 또한 웨슬리의 광신주의를 '심리학적 문제에서 기인한 증상'으로 판단하기도 했다.[122]

이러한 비판을 받는 와중에도 웨슬리는 재미있는 행보를 보였다. 그는 열광주의자라고 비난하는 사람들에겐 열광주의를 변호했고, 때로는 이성을 비판하면서도 이성이 매우 중요한 역할을 한다고 강조했다. 그러면서 존 웨슬리는 스스로에게 묻고 답을 내렸다.

"양극단(the extreme)이 아닌 중용(the middle way, via media)은 없는 것인가요?"

"아니요, 확실히 있습니다."(5권:132)

---

[122] Ronald Knox, Enthusiasm: A Chapter in the History of Religion, (Notre Dame: University of Notre Dame Press, 1950), 547.

하이브리드 웨슬리

존 웨슬리를 부정적으로 해석하면 '양다리 걸치기의 달인'이나 '완벽한 박쥐'라고 표현할 수 있다. 그러나 그는 감리회가 이원론적인 종교가 아니라 모순 통합적인 종교라고 주장했다. 이 주장을 웨슬리에게 그대로 적용하면, 웨슬리는 합리론자나 열광주의자가 아닌 동시에 합리론자이자 열광주의자였다. 이런 면에서 헨리 랙(H. Rack)이 웨슬리를 '이성적 열광주의자(Reasonable Enthusiast)'로 표현한 것은 참으로 옳다. 이 말 안에는 냉철한 과학적 사고와 뜨거운 종교적 체험이 융합되어 있기 때문이다.

존 웨슬리는 열광주의자처럼 보였지만 수도원적인 경건을 가졌고, 규례와 교회 공동체를 중시하면서도 자발성을 토대로 한 평신도들의 역동성을 지향했다. 또한 믿음에 의한 구원을 중시하는 개혁주의자였지만 지속적인 훈련을 통한 성화를 신앙 핵심으로 여겼으며, 자본주의의 옹호자로서 시장과 경쟁을 중시한 보수주의자였지만 공평한 분배를 지향한 개혁적 시민운동가였다.

덧붙여 웨슬리는 개인의 내면적 종교생활을 강조했지만 단 하루도 집 안에 머무르지 않았던 활동가였다. 그는 극단을 추종하지 않고 모든 것을 자기 것으로 만든 지도자였다.

중용이란 양쪽의 눈치를 보는 '아첨'이나 적당히 시류에 편승하는 '기회론'과는 다르다. 중용은 양극을 적으로 만들지 않으려 중간에 애매하게 걸쳐있는 처세술이 아니다.

공자는 '중(中)이란 집기양단(執其兩端)'이라 했다.[123] 중용이란 오히려 양극단 모두에게 비난받는 자리에 서 있는 것이다. 또한 양극단의 장점을 적극적으로 소화하고, 폐해를 단호하게 제거하여 새로운 길을 모색하고 통합하는 역량이다.

존 웨슬리는 학문은 물론 목회와 사상에서도 현대인들이 모델로 삼은 영재였다. 웨슬리언으로서, 교회와 광화문 광장에서 양극단이 부딪치는 현실이 무척이나 안타깝다.

---

123 『중용장구』(中庸章句) 제6장.

웨슬리 따라
나이 저축하기

야호! 드디어 환갑?

만기일을 알 수 없는 내 적금 통장에 또 한 해가 쌓였다. 내게 선물처럼 주어진 새로운 한 해였다.

한 갑자를 살아왔고, 그중 반 갑자를 아내와 함께했다. 인간으로 태어나 한 갑자를 큰 사고 없이 살고, 한 사람을 만나 오순도순 30년을 지내며 자식을 둘이나 키운다는 것이 어디 그리 쉬운 일이겠는가? 이를 허락하신 하나님께 진정 감사를 드린다.

내가 부모님 몰래 입대지원서를 쓰고 왔을 때, 아버님께서 나에게 "누구나 다 한다고 해서 그게 쉬운 일은 아니다."라고 말씀하셨다. 당시에는 '석사 장교'라는 제도가 있었는데, 아버님은 이를 활용하여 내가 군대에 가지 않기를 바라셨다. 그도 그럴 것이, 아버님은 군대에서 큰 병을 얻어 만기제대를 하지 못하셨기 때문이다.

아무튼 누구에게나 주어진 것 같지만 어찌 보면 선물같은 한 해를 어떻게 신나게 보낼지 궁리에 궁리를 거듭해 본다.

한해는 물론 오늘 또 하루가 선물처럼 주어졌다. 올해는 유독 20대의 마지막 날이 자주 생각났다. 쓸쓸한 늦가을, 교정에 나뒹굴던 아름드리나무의 낙엽들이 스산한 바람을 타고 떠올라 빌딩 숲 사이 저녁놀에 반사되며 허공에서 춤을 췄다. '이제 나의 20대는 끝이구나.' '내년부터 나는 이제까지와는 전혀 다른 삶을 살겠구나.' '우여곡절이 참 많았는데…. 나이 서른에 드디어 부르심에 응답하는구나.' 나는 아무도 없는 교정에서 서울의 서쪽 하늘을 바라보며 나의 20대와 작별했다. 빨리 성숙한 어른이 되었으면 했는데, 그때만큼은 한 살을 더 먹는 것이 아쉽고 부담스러웠다.

이후 나는 나이를 의식하거나 늙는 것이 아쉬웠던 적이 없다. 30대에서 40대가 되고, 드디어 50대가 되었을 땐 오히려 "야호! 나도 드디어 품위 있고 멋진 중년이 되는구나!" 하며 환호했다. 심지어 40대 초반에 노안이 와서 남보다 일찍 돋보기를 쓰게 되었다고 좋아했다.

그런데 환갑을 코앞에 둔 요즘에는 "야호!" 소리가 나오지 않는다. 몸과 마음의 변화와 나이에 따른 노화가 조금은 충격적으로 느껴졌기 때문이다. 30대의 시작점에서 그러했듯이, 삶의 계획을 다시 한번 점검하고 새로운 삶을 준비해야 할 시점이 다가왔음을 느낀다. 그래서 요즘에는 내가 가진 모든 것을 내려놓고, 허락하신 시간 안에 어떻게 나의 자산을 분배할지 생각하며 기도하고 있다.

사람들은 유독 세월에만 뺄셈을 적용하고 싶어 한다. 살다 보면 짐은 계속 늘어나고 물가도 계속해서 오른다. 지식이나 지혜, 습관도 계속 쌓인다. 우리는 무엇이든지 쌓이는 것에 익숙하면서도 유독 나

이만큼은 역산한다. 그러면서도 삶을 가꾸기 위한 노력은 하지 않은 채, 생물학적인 수명만 늘리려고 안간힘을 쓴다.

1978년, 나는 중학교 3학년이었다. 당시 750원에 판매되던 『성문기본영어』에는 이런 구절이 있었다.

아직 보관 중인
『성문기본영어』 1978년 판

"인생에서 배워야 할 가장 중요한 것은 어떻게 사느냐 하는 것이다. 그런데 생(生)만큼 집착하는 것이 없으면서도 삶을 잘 가꾸기 위해 인간이 노력하는 일이라곤 거의 없다."[124]

나는 지금도 이 구절을 잊지 못한다. 주님의 뜻대로 나의 노년을 준비하기 위해 인생 계획을 재점검해야 할 지금, 자꾸 웨슬리의 삶이 떠오르니 큰일이다.

건강을 자랑한 노인?

웨슬리는 건강 자랑하길 즐겼다. 그가 자신의 생일(6월 28일)에 했던 자랑들은 우리를 코웃음 치게 한다. 77세 생일에 웨슬리는 스스로

---

[124] Eric Reginald Lubbock, 4th Baron Avebury(1928~2016), 송성문, 『성문기본영어』(성문출판사, 1978), 16.

'28세 젊은이 같다'고 자랑했다. 79세에는 '마치 29세 같다'고 이야기하더니(vol.23:211), 80세에는 갑자기 더 젊어져 '25세 같다'고 자랑했다(vol.23:244). 82세에는 급기야 자신의 건강이 '21세 청년 같다'고 허풍을 쳤다(vol.23:320). 물론 웨슬리는 당시 잉글랜드의 평균 수명보다 2배를 더 살았으니 큰소리를 칠 만도 하다.

하지만 웨슬리의 이러한 '근거 없는' 자신감이 도대체 어디에서 오는 것인지 이해할 수 없다. 그의 허풍을 그저 늙은이의 주책 정도로 치부하다가도, 가만히 웨슬리의 삶을 곱씹으면 그의 자랑은 결코 허풍처럼 느껴지지 않는다. 웨슬리는 매일 새롭게 창조되는 피조물처럼 하루를 살았기 때문이었다.

1753년 웨슬리가 51세가 되었을 무렵부터 그의 건강은 우려스러울 만큼 심각했다. 그래서인지 웨슬리는 늘 죽음을 염두에 두고 살았다. 나는 감기 한번 걸리지 않았던 51세에 그는 설사와 경련, 구토에 시달렸고, 학질과 폐렴을 앓았다. 제대로 일어설 힘이 없어 며칠씩 자리를 보전했고, 그토록 집착했던 설교 여행마저 중단한 채 이듬해 초까지 거의 6개월 가량을 침대에 머물렀다(vol.20:469~485).

이때 웨슬리는 자신의 죽음을 준비하며 '나 같은 무익한 종에게 하나님이여, 자비를 베푸소서.'라는 비문을 적었다. 이 비문의 마지막 말은 웨슬리의 남은 생을 잘 표현하고 있다.

1765년 63세인 웨슬리는 51세인 휫필드와 식사하며 자신의 동안(童顔)을 뽐냈다. 하지만 당시 그의 치아는 몹시 상해 있었다(vol.22:24). 웨슬리가 69세가 되던 1772년에 발병한 건강 문제는 1774

년이 되자 더욱 심각해졌다. 의사들은 웨슬리의 병을 음낭수종증으로 진단했으나(vol.22:395), 습관성 탈장이지 않았을까 의심해 본다. 그다음 해인 1775년에 웨슬리는 종종 의식을 잃었고, 언어 장애도 왔다고 하니 뇌혈관 질환이 의심된다. 1780년에는 자신의 나이를 혼동하기에 이르렀다(vol.23:179). 말년에는 심한 당뇨를 앓아 시력도 약해졌다.

그의 병력을 간단히만 살펴봐도, 웨슬리는 건강은커녕 언제 죽어도 이상하지 않을 만큼 많은 병을 가진 병자였다. 그래서인지 50대 초반부터 빈틈없이 죽음을 준비했다. 1771년 1월 유언장을 수정한 것으로 보아(vol.22:262) 그는 이미 비문과 함께 유서도 써 놨던 것으로 짐작된다. 이후에도 웨슬리는 지속해서 유언장을 수정했고(vol.24:119), 1789년 86세가 되자 스스로 생을 정리하기 시작했다.

그러면서도 웨슬리는 완고함이나 짜증 같은, 고령자에게 자연스레 찾아오는 감정적 왜곡이 생길 것을 걱정하는 놀라운 자기성찰을 보여주었다(vol.24:145).

이렇듯 여러 부분에서 우리는 노령임에도 자신의 건강을 과신하고, 매사에 '감 놔라, 배 놔라' 하며 참견하는 불편한 노인 웨슬리와, 50대 초반부터 차근차근 죽음을 준비하며 자신의 몸과 마음을 관리하고 성찰하는 노철학자 웨슬리의 상반된 모습을 볼 수 있다.

우리가 웨슬리의 두 모습 사이에서 괴리를 느끼는 이유는 의외로 간단하다. 1786년 웨슬리가 만 83세가 되기 4일 전날, 그의 일정을 한 번 들여다보자.

노령임에도 전도 여행을 계속한 웨슬리는 6월 23일 게인스보로에서 설교 일정을 마친 후, 24일 4시에 기상해 기도와 말씀을 준비했다. 5시 30분 마차를 타고 8시에 뉴튼에 도착해 설교한 후 곧바로 길을 떠나 오후 1시에는 뉴왁에 도착했다. 점심 식사 후 설교를 하고, 2시 45분에 뉴왁을 떠나 6시 15분에는 레트포트에 도착해 설교와 기도를 인도했다. 이후 자신을 초대한 가정에서 늦은 저녁 식사를 한 웨슬리는 9시 30분경 숙소에서 잠자리에 들었다(vol.7:173). 기사가 운전하는 고급 승용차를 타고 다녀도 피곤할 만할 일정을 웨슬리는 하루도 아닌 매일, 그것도 83세에 소화한 것이다.

그는 말할 수 없이 아픈 노구를 이끌고 끊임없이 전도 여행을 하고, 글을 쓰고, 편지를 보냈다. 그가 이렇게 미친 듯이 일했던 이유는 우리가 잊고 사는 바로 그 말씀대로 자신의 삶을 채우려고 했기 때문이다.

1748년 웨슬리는 설교에서 종말론적 삶의 모습을 가감 없이 보여 주었다.[125] 병치레 후 비문을 썼던 50대 웨슬리는 '내일'을 완전히 포기했다. 우리는 오직 새로운 '오늘'만을 위해 창조된 자들이며, '내일'은 오늘의 우리와 상관이 없고 심지어 오지 않을지도 모른다고 생각한 웨슬리는 "매일 저녁은 우리의 생을 마감하는 시간"이라고 단언했다.[126] 당장 오늘 밤 하나님께 가더라도 오늘의 사역에 충실하고자 했

---

125 존 웨슬리, 『웨슬리가 전한 산상수훈』, 9번 설교 참조.
126 앞의 책, 210.

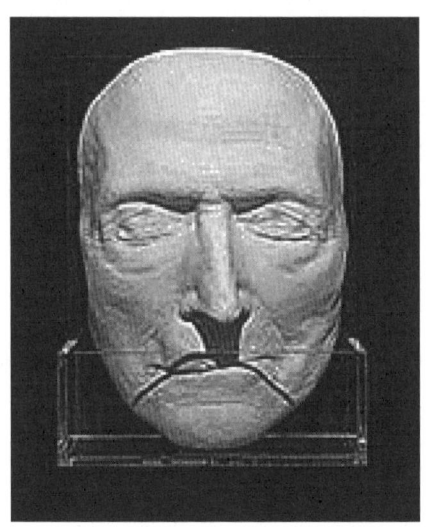

웨슬리 데스마스크 ©광림교회 홈페이지

던 웨슬리는 시간을 낭비할 수 없었다.

그래서 그는 일 분, 일 초를 아끼고 선용해 매일의 의무와 책임에 정성을 다했다.

81세 생일을 맞은 웨슬리는 "하나님은 내게 항상 유익한 종이 되는 것을 허락하셨다."고 고백했다(vol.23:282). 그는 매일 주어지는 하루에 감사했고, 주어진 하루에 누구보다도 많은 일을 했다. 그래서 웨슬리는 가장 건강한 사람이고, 매일 창조되기에 가장 젊은 사람이다.

'유익한 종'이 되는 것을 목표로 하루 하루를 차곡차곡 쌓아가던 웨슬리는 노년에 '그리스도인의 완전'에 대하여 지속해서 강조했다.

돈과 시간의 짠돌이

나는 종말론적인 태도로 일생을 살아간 웨슬리를 찬양하지 않을 수 없다. 더욱더 그를 배우기 원한다.

웨슬리는 설교하고 글을 쓰고 전도하는데 시간과 돈, 그리고 몸조차도 아끼지 않았다. 이를 위해 웨슬리는 자신에게 쓰는 시간과 돈, 안락함을 포기했다. 자신을 위해 돈과 시간을 사용하는 데 일명 '짠돌이'가 된 것이다. 오늘 밤 눈을 감으면 일어나지 못할 수 있다는 종말론적 믿음, 자신이 완수한 그날의 사명이 하나님의 뜻을 실현하고자 하늘나라에 축적하는 성스러운 자산이라는 확신 때문이었다.

이렇듯 하나님을 전적으로 신뢰한 웨슬리는 1791년 3월 2일 오전 10시, 가장 두툼한 적금을 타서 하나님 곁으로 떠났다.

담장을 쌓고 집을 지어 그 안에 머물 것인가, 아니면 널찍한 마당에 정원을 가꿀 것인가. 선택의 갈림길에서 나는 또 한 번 인생의 계획을 크게 수정하고 자산을 재분배하는, 두렵고도 경이로운 시간을 맞았다.

웨슬리 따라
행복하기

이상한 아이의 등장

아주 오래전의 일이다. 당시 내가 다니던 대학에는 소위 '3대 명강의'니, '5대 명강의'니 하는 유명한 강의가 있었다. 빽빽이 들어찬 대규모 계단식 강의실에서 학생들은 수업 시작종과 함께 커피잔을 들고 앞문으로 들어올 교수님을 기다렸다. 그 강의의 수강생은 아니었지만, 나도 강의실 한 자리를 차지하고 앉아 있었다. 전공 과목을 이수하기도 바쁜 복학생 시절 명강의를 찾아다니며 청강하기를 즐겼기 때문이다. 당시 나처럼 단과대를 넘나들며 청강하는 학생을 '메뚜기'라고 불렀다. 나는 기꺼이 메뚜기가 되어 오늘은 법대, 내일은 경영대, 또 다음 날은 문과대를 넘나들며 재미있는 강의를 즐겼.

그날의 담당 교수는 전국구 수준의 명강사는 아니었지만 마니아가 많던, 신학과의 유명 교수님이셨다. 워낙 유명한 강의였고, 어차피 전공할 신학이니 미리 귀동냥이라도 해두자는 심산으로 강의실을 찾았다. 그런데 시작종이 울리기 직전, 돌발 상황이 발생했다.

맨 앞 좌석에 앉아 있던 한 학생이 갑자기 교단으로 뛰어나가더니 상기된 얼굴로 부흥회식 설교를 시작했다. 엄혹하던 시절, 기습적 정치 선동을 예상한 나는 '신학과에 또 이상한 놈이 하나 나타났네!' 하며 대수롭지 않게 생각했다. 하지만 기독교에 익숙하지 않거나 적대적인 학생들은 비난과 야유를 뱉기 시작했다. 그런데도 그는 전혀 흔들리지 않고 자신의 주장을 마이크에 대고 또렷하게 내뱉었다.

어딘가 모르게 이상한 그의 말 중에서 유독 한 문장이 나의 귀를 파고들었다.

"제가 고등학교 3학년 때부터 지금까지 인문학 각 분야의 고전과 유명한 책을 100권씩 선정해서 읽어본 결과, 모든 종교와 신학의 궁극적인 목적은 '인간'입니다, 여러분!"

"자네 뭐야? 들어가!"

앞문으로 들어오신 교수님의 한마디에 모든 상황은 종료되었다. 낄낄거리며 교수님께 꾸벅 절을 한 그 친구는 곧바로 앞문으로 나가 버렸다. 나중에 알고 보니, 그는 학교 안을 돌아다니며 수강생이 많은 강의실을 찾아 교수님이 들어오시기 전까지 번개 같은 부흥회를 하는 그야말로 '이상한 놈'이었다.

그가 무슨 설교를 했는지 나는 전혀 기억나지 않는다. 다만 그의 상기된 얼굴, 확신에 찬 목소리, 행복해 보이는 얼굴, 그리고 내 귀를 파고든 '그' 한 문장만이 나의 뇌리에 박혀있다. 이유는 간단했다. 그 친구는 당시 내가 줄곧 고민하며 사색했던 문제의 답을 이미 확신하고 있었다. 물론 접근방법은 나와 완벽히 반대 방향이었지만 말이다.

사람들은 궁극적인 질문들을 회피하는 경향이 있다. 정확한 답도, 자신만의 확신도 갖고 있지 않으면서 다양한 방식으로 상대방을 무시한다. '그런 생각은 사춘기 때나 하는 것'이라 말하는 가면파도 있고, '먹고 살기도 힘든 마당에 그런 생각과 고민을 할 틈이 없다'는 현실파와, '신본주의'니 '인본주의'를 말하며 사태를 전혀 파악하지 못하는 듯한 어리둥절파도 있다. 그런가 하면 '답도 없는 질문을 왜 하느냐'고 말하는 자포자기파, '너는 여전히 순진하구나'라고 말하는 기만파도 있다.

기독교 신앙을 마음 깊이 지니고 믿음의 삶을 살아내려 노력하는 우리에게 누군가 '인생이란 무엇이며 그 목표는 무엇인가?'라고 질문하면, 우리는 존 웨슬리를 따라 명확히 대답할 수 있다. 존 웨슬리는 명확한 답을 가지고 인생을 살았고, 그것을 끊임없이 제시했기 때문이다.

인생의 목적, 행복

웨슬리의 설교 '영적 예배'에는 그의 인생 목적이 잘 드러나 있다. 이 설교문은 1789년 그가 77세일 때 작성된 것으로, 이미 신학과 인생관이 완숙한 시기에 나온 지혜라고 할 수 있다.

이 설교의 주제는 외견상 '하나님과 영생'으로 보이기 쉽다. 하지만 웨슬리는 이 설교를 통해 자신이 살아온 인생에서 건강과 명예, 재산 등이 얼마나 하찮은 것이었는지를 이야기했다. 그 어떤 것도 영원히 지속되지 않음을 강조했다.

그리고 노년기의 웨슬리는 인생의 감회를 다음과 같은 시 한 구절로 대신했다.

"인생은 지루한 단막극, 그리고 공허한 쇼(5권:49)."

그가 노년에 반추한 인생은 그야말로 무의미와 허무 그 자체였다. 인간이란 지극히 작은 존재이자 찰나를 사는 존재이기 때문이다(7권:47~8). 그럼에도 불구하고 웨슬리는 이 설교를 통해 '행복'을 강조했다.

조금 오래된 이론이지만, 조지 베일런트는 행복의 조건으로 7가지 항목을 제시하며 "고통에 대응하는 성숙한 방어 기제가 행복을 결정하는 가장 중요한 열쇠"라고 이야기했다. 이 외에도 행복의 조건에는 교육 수준, 안정된 결혼생활, 금연, 금주, 운동, 적당한 체중 등이 있다. 베일런트는 누군가가 50대 중반까지 이 항목 중에서 5~6가지를 충족했다면, 그는 장수하며 행복한 삶을 살 확률이 높다고 설명했다.[127] 행복한 삶에서 '장수'가 빠질 수 없겠지만, 장수하지 못했어도 행복하게 살았던 사람들이 많다는 점에서 베일런트의 행복론은 일방적이기도 하다. 그럼에도 여전히 많은 사람이 베일런트의 행복론에 동의한다.

---

127 조지 베일런틀, 『행복의 조건』, 16.

우리는 수많은 생의 고난을 겪었음에도 건강하고 씩씩하게 살아가는 노년들을 자주 만난다. 그리고 여러 고난 속에서 어떻게 저렇게 건강하게 생활하는지 놀라워한다. 그러나 역경에 성숙하게 대처했기 때문에 늦은 나이까지도 건강하게 생존할 수 있었던 것이라는 생각이 든다.

그렇다면 웨슬리의 행복론은 어떨까? 웨슬리는 "모든 그리스도인은 행복하고, 행복하지 않은 사람은 그리스도인이 아니다."라고 확언한다(5권:50). 웨슬리의 주장을 삼단논법(Syllogism)으로 표현해 보자.

　　대전제 : 모든 그리스도인은 행복하다.
　　소전재 : 마가렛은 그리스도인이다.
　　결　론 : 마가렛은 행복하다.

마가렛 대신 자신의 이름을 넣어보면 자신이 얼마나 숙성된 그리스도인인지 느낄 수 있다. 이름 대신 '웨슬리언'을 넣어보면 우리 공동체의 모습이 확연히 드러난다. 위대한 창조자 하나님께서는 그 누구도 불행하지 않도록 창조하셨기에, 모든 피조물이 행복하기를 원하신다. 그래서 웨슬리에게 "행복은 기독교와 동의어이다(5권:50)."

우리는 웨슬리 신학의 핵심을 성화, 완전, 체험, 복음, 선교 등으로 규정한다. 그러나 적어도 웨슬리가 살아온 인생의 목적은 행복이었다. 그가 추구한 행복은 '그저 그런' 행복이 아니라 다른 모든 것을 능가하는 '완전한' 행복이었다. 다시 말하면 웨슬리가 가진 신앙의 목적

역시 인간(자기 자신)이었다는 것인데, 그런 면에서 웨슬리도 '인간'에 귀착했음을 알 수 있다.

그렇다면 웨슬리가 가르쳐 준 완벽한 행복은 어떻게 성취할 수 있을까?

우리는 자주 행복을 획득 감정, 소유 감정, 흥겨움, 즐거움, 재미, 놀이, 만족감, 성취감 등과 혼동한다. 우리의 기도가 늘 '주시옵소서'로 시작해서 '믿습니다'로 끝나는 이유이다. 그러나 참다운 행복은 결코 이와 같지 않다. 몰트만(Jürgen Moltmann, 1926~)이라는 유명한 신학자는 참된 그리스도인들에게는 생기, 기쁨, 활력 등이 동반된다고 강조하지만 동의할 수 없다. 이유는 간단하다.

행복의 사전적 정의는 '궁극적 안락, 마음의 평안, 삶의 만족'을 느끼는 심리적 상태이다. 하지만 인류의 긴 역사 속에서 인간이 내내 '주체'의 문제로 씨름한 것을 보면, 심리적 주체는 '나'를 제대로 설명해 줄 수 없음이 분명하다. 그러기에 최근에는 '주체의 자유'보다는 결정론적인 사유들, 즉 담론의 장이나 선험적 객관성의 공간 등에 주목하기도 한다.

쉽게 이야기해 보자. 싱그러운 봄날, 공부는 밀어두고 밖으로 나가고 싶은 마음의 주인은 과연 나인가? 가을비가 주룩주룩 내리는 날, 왠지 모르게 착 가라앉고 차분해지는 마음의 주인은 나일까, 날씨일까? 내가 나의 감정을 어찌할 수 없다면 나는 나의 행복을 위해 어떤 노력을 해야 하는가? 이런 회의론 역시 결정론적 사유의 한 꼭지이다.

이런 이유로 웨슬리는 행복의 조건을 하나님에게서, 그리고 그것에 응답하는 우리 안에서 찾았다. 영어에서 blessed는 '복 되다'로 번역되며, happy는 '행복하다'라고 번역된다. 영어건 우리말이건, 이 두 단어는 가족적 유사성을 가졌지만 전혀 다른 의미로 사용된다. 그러나 성서에 쓰인 코이네 희랍어의 'makarios'는 복됨과 행복함을 혼합한 의미로 사용되었다.[128]

존 웨슬리는 그의 설교 '산상수훈'에서 makarios를 복됨과 행복함의 동의어로 사용했다. 하나님의 은총은 복되기 위해서, 다른 말로 표현하자면 행복하기 위해서 필요한 필수적이고도 유일한 조건이다. 산상수훈에서 요구하는 실천 방식, 즉 의도적으로 가난하기, 슬퍼하기, 온유하기, 정의롭기, 자비하기, 순수하기, 평화를 위해 일하기 등은 하나님의 은총 없이는 온전히 실천하기 불가능한 조건들이기 때문이다.[129] 그리하여 복된 것은 행복한 것이다.

의미로 꽉 찬 영원한 행복의 향유

조지 베일런트의 연구에서도 확인되었듯이 교회에 다니는 사람들은 살면서 더 많은 기쁨을 누린다고 한다.[130] 이런 연구 결과를 보면

---

[128] Walter Bauer, *A Greek-English Lexicon of the New Testament and Other Early Christian Literature*, 2nd Edition, trans. William Arndt and Wilbur Gingrich (Chicago: University of Chicago Press, 1979).

[129] 토마스 오든, 『존 웨슬리의 기독교 해설 4: 윤리와 사회』, 장성결 역 (웨슬리르네상스, 2020), 320.

[130] 조지 베일런트, 『행복의 조건』, 21.

행복이란 결코 선천적인 것이 아니라는 생각이 든다. 어떤 사람은 낙천적인 성격을 타고나서 늘 행복해 보이고, 또 어떤 사람은 우울한 성격을 타고나서 늘 비관적으로 보인다.

만약 행복이 선천적인 것이라면 하나님만큼 불공평한 분은 없다. 그리고 나의 불행은 내 탓도, 환경 탓도, 그 누구의 탓도 아닌 하나님이나 부모님의 탓이 되어버린다.

최근 SNS의 발달로 인해 남에게 보이기 위한 삶과 실제 삶의 괴리가 커졌다. 사람들은 보여주기 위해 살기도 하고 죽기도 한다. 그러나 살펴본 바와 같이 행복은 선천적인 것도, 상대적인 것도 아닌 하나님과 자기 자신의 상호 관계와 작용의 열매이다.

존 웨슬리는 인생 막바지에 기독교의 핵심, 신앙생활의 핵심, 구원의 핵심은 '의미로 꽉 찬 영원한 행복의 향유'라고 가르쳤다. 오직 하나님이 주시는 복만이 유일하고 참된 행복이자 영원한 행복이다.

05
웨슬리언 즐기기

―

잃어버린 기쁨의
근원 찾기

웨슬리 따라
갓생 살기

여행하며
기도하기

홀로 여행

10년 넘게 살던 타국 땅에서 돌아온 후, 해남 이진항에서 전주를 잇는 옛길 삼남대로를 걸은 적이 있다. 다녀온 후 고등학교 친구들을 만난 자리에서 우연히 삼남대로 도보 여행 이야기를 나눴는데, 친한 친구 하나가 걱정스러운 눈빛으로 내 귀에 대고 조용히 속삭였다.

"너 혹시 누구 생겼니?"

그 말을 들은 나는 어이가 없어 깔깔 웃고 말았다. 여전히 우리나라에서는 혼자 여행하는 것이 일반적인 것은 아닌가 보다.

그로부터 몇 년 뒤, 지리산 둘레길이 완공되자마자 274km를 걸었다. 산청 백운산을 넘어가는데 오전 내내 사람이라고는 구경도 하지 못했다.

백운계곡에 도착하니 먼저 와 목욕을 하는 젊은이가 있었다. 나도, 그도 인사 한마디 없이 연신 계곡물로 땀을 식혔다. 허리까지 내려오는 긴 머리를 휘날리며 그가 먼저 계곡을 떠났고, 나도 곧 그의 뒤를 따랐다. 그날 일정을 마칠 때까지 서로 앞서거니 뒤서거니 하면서도 대화는 하지 않았다.

어둑해진 후 간신히 산골 마을의 민박집에 찾아들었는데 그가 또 거기에 있었다. 다음 날 나와 그는 길동무가 되었고, 걷는 중에 두 명을 더 만나 네 명이 함께 길을 걸었다. 동무들과 하동호를 넘어 삼화실까지 동행했다. 사람 하나 만날 수 없는, 호젓하고 두려운 산길을 혼자 오르락내리락 고생하며 걷다가 길동무들과 함께 걸으니 하나도 힘들지 않았다. 오히려 재미있고 즐거웠다.

함께 걸은 시간은 고작 이틀이었는데, 헤어질 때는 다들 눈시울이 붉어질 만큼 정이 많이 들었다. 여행을 마치고 집에 돌아와 20여 개가 넘는 구간들을 걸으며 드렸던 기도와 성찰, 내가 겪은 사건과 사고들을 정리해 여행기를 쓰기 시작했다. 그런데 아뿔싸! 길동무와 함께한 구간들에서는 성찰은커녕 내가 본 풍광이 어땠는지조차 기억나지 않았다. 그저 '길동무와 함께 즐거웠다'라는 기억, 그것 하나뿐이었다.

여행은 무엇이고 여행의 목적은 무엇일까? 목표를 정해 놓은 여행은 과연 효율적일까?

여행의 목적과 효율, 그리고 방법은 매우 다양하고 복잡하다. 나는 여행을 정의하거나 그 의미를 고정하고자 하는 것이 아니다. 다만 내 경험을 통해 그리스도인들을 잠시 혼자 하는 여행의 상상 속으로 안내해 보려고 한다. 비록 지면상의 여행일지라도 말이다.

홀로 여행의 소득

모든 여행은 다 가치 있지만 혼자 하는 여행의 가치는 절대로 작지 않다. 적어도 혼자 하는 여행은 오직 나만을 성찰하고 반추하고 반성하게 한다. 가족이나 일행이 있는 여행처럼 웃고 즐기다가 나만의 시간을 다 놓칠 필요가 없다.

고통스러운 구간을 홀로 걸을 때면 이 세상에서 결정적인 위기를 맞을 때, 그 누구도 나를 대신할 수 없다는 사실을 깨닫고 또 깨닫는다. 무기력한 나의 모습을 볼 때면 하나님께 온전한 의지해야 함을 진정으로 느낀다. 한 걸음, 한 걸음을 뗄 때마다 잊었던 과거들이 속속들이 눈앞에 나타난다. 기뻤던 일들은 더 큰 기쁨으로 다가오고, 아팠던 일들은 더 깊은 아픔으로 다가온다.

게다가 누군가와 저녁 메뉴를 협상할 필요도 없고, 동행의 사정에 따라 여행 일정을 조정할 필요도 없다. 말을 조심하거나 눈치를 볼 필요도 전혀 없다. 고독은 자연스럽게 우리를 깊은 내면으로 이끈다. 그리고 기도로 이끈다. 타인이 함께하는 자리에 하나님을 동석시키긴 쉽지 않기 때문이다.

홀로 여행은 교회 리더들에게 의무와 책임감에서 잠시나마 해방되는 감격(?)을 느끼게 한다. 대부분 교회 부근에 사는 목사님들에게 집과 목양실은 의무의 공간이다. 눈에 들어오는 것은 전부 해야 할 일들이다. 얼른 완성해야 하는 설교 원고가 널브러져 있고, 큰맘 먹고 산 책은 이미 몇 년째 책장에 고이 모셔져 먼지를 맞고 있다. 교회 창고에는 비가 새는데 연장통마저 보이지 않는다. 컴퓨터를 보면 얼른 전원을 켜고 무언가 글을 써야만 할 것 같다. 집과 목양실과 컴퓨터는 언제나 목사님들에게 뭔가를 해내라고 명령한다. 그래서 고정된 서식지를 잠시 떠나는 것, 짐을 꾸려 집 밖으로 나서는 것 자체에서 해방감을 느끼는 것은 당연하다.

홀로 여행은 또 우리를 현실에 집중하게 한다. 모든 사람은 과거에 대한 후회와 수치, 아쉬움, 억울함 등을 가득 안고 살아간다. 과거뿐 아니라 미래에 대한 불안과 걱정도 한자리를 차지한다. 그리고 이 모든 부정적 감정에는 가족들의 얼굴이 실루엣처럼 겹쳐 있다.

그런데 홀로 여행은 순간순간 나에게 닥쳐오는 '지금, 이 순간'에 집중하게 한다. 당장 눈 앞에 펼쳐진 경치를 내 머릿속이나 카메라에 저장해 두어야 하는 급박함부터, 기꺼이 값을 지불할 만큼 만족스러운 식당을 찾는 일, 조용하고 냄새나지 않는 숙소를 정하는 일, 혹시 모를 불미스러운 일이나 범죄에서 나를 보호하는 일 등 즉각적이고도 순간적인 결정에 집중해야 한다. 그 순간만큼은 과거와 미래의 어두움이 잠시 나를 비껴간다.

그렇기에 홀로 여행은 철저하게 내 책임이 된다. 배우자에게 많이 의지하는 사람, 디지털에 늘 상담하는 목사님, 회의 결정이나 주변의 조언에 안도하는 오피니언 리더들도 홀로 여행 중 '지금의 결정'에는 그 누구도 개입할 수 없다. 그리고 그 결과는 핑계를 댈 수 없는 순수한 자신의 것이다. 여행을 마치면 모든 결정의 결과가 나의 자존감이란 마일리지로 차곡차곡 쌓인다.

마지막으로 또 하나, 홀로 여행의 소득이라면 자연이 보인다는 것, 자연이 말을 걸어온다는 것이다. 철저하게 홀로 있는 시간을 통해 영혼이 정화되면 그제야 비로소 자연의 따스함이 여행자의 피부를 파고들고 바람이 솜털을 간질인다. 일행과 함께하는 왁자지껄한 여행에서는 맛볼 수 없는 은총이다.

책과 영화로 배우는 홀로 여행

그렇다면 홀로 여행은 어떻게 하는 것이 좋을까? 여기서는 내가 직접 시도해 본 경험만을 나열해 본다. 우선 자동차를 타고 미리 정해 놓은 코스를 섭렵하는 방법이 있다. 많은 곳을 둘러볼 수 있지만 만만치 않은 비용이 든다. 게다가 운전에 집중해야 하므로 영적인 열매를 많이 맺기 어렵다. 그러나 많은 시간을 할애할 수 없을 경우에 유용하다.

두 번째는 조용한 곳에 은거하는 방법이다. 새로운 장소에 적응하는 것은 우리에게 엄청난 해방감을 주며, 깊은 사색을 할 수 있게 돕는다. 다만 은거의 열매를 수확하려면 엄청난 내공과 의지력이 동반되어야 한다. 성향이 맞지 않으면 열매는커녕 나태와 무질서의 침범을 받을 수 있다. 또한 은거할 때에는 반드시 육체적 노동에 많은 시간을 할애해야 한다. 단적으로 이 여행을 통해 독거-관상-노동 수도의 삶을 잠시 구현할 수 있다.

마지막 방법은 걷는 여행으로, 홀로 여행에 익숙하지 않은 이들에

웨슬리언 순례자들의 교과서이자 필독서

게 추천하고 싶다. 사람들이 산티아고로 몰려가는 이유가 있다. 이 여행은 자연스럽게 홀로(고독)와 노동(기도)이 어우러져 하나님과 단 둘이 맞닥뜨리게 한다. 그리고 걷는 고통을 통해 믿음과 의지가 강건해진다. 하지만 굳이 산티아고 순례길에 가지 않아도 좋다. 우리나라에도 아름답고 안전한 순례길들이 매우 많다.

나는 신정일의 책『삼남대로』를 읽은 후 처음으로 전라도 길을 걸었다. 신앙인이 쓴 것은 아니지만 순례에 나설 용기와 의욕을 주는 책이다. 필 쿠지노(Philip R. Cousineau)가 쓴『성스러운 여행, 순례 이야기』는 도보 여행기는 아니지만, 순례를 떠날 용기를 준다는 점에서 참고할 만하다.

그러나 무엇보다 웨슬리언들의 순례를 잘 설명하는 책은 남호의 저서 『은혜의 길, 눈물의 길』과 『걷는 기도』이다. 영성과 기도의 교과서와도 같은 이 두 책은 웨슬리언들의 순례를 쉽게 이해하게 돕는다. 인도와 산티아고 순례길에서 경험한 아름다운 은혜와 뜨거운 눈물로 가득 찬 이 책들은 순례자들의 교과서이자 필독서이다. 하지만 유일한 단점도 있는데 순례를 처음 시작하는 사람들에겐 너무 무겁다는 점이다.

그래서 아직 홀로 걷는 기도를 경험하지 못한 이들이 쉽게 읽을 만한 재미있는 책을 소개한다.

빌 브라이슨(William Bryson)이 쓴 『나를 부르는 숲』이다. 시작부터 끝까지 유머가 넘치는 이 책은 웃으며 쉽게 읽을 수 있지만, 다 읽은 후에는 배낭을 꾸리게 만든다.

그러니 아직 읽어보지 못한 이들에게 일독을 권한다. 책을 다 읽은 후에도 표지를 장식한 한 마리 곰이 며칠 동안 머릿속에 떠다니며 미소짓게 한다.

또한 순례는 아니지만 홀로 걷는 여행과 관련한 영화 두 편을 추천한다. 특히 상처가 있는 사람들에게 강력히 권하는 영화이다.

첫 영화는 〈데몰리션〉을 찍

「나를 부르는 숲」

은 장 마크 발레(Jean Marc Vallee) 감독의 2014년 작 〈와일드〉이다. 이 영화는 마약에 중독된 상처투성이의 젊은 여성이 미국의 3대 트랙킹(trekking) 명소 중 하나인 PCT(Pacific Crest Trail) 4,200km를 완주하면서 상처를 치유한다는 내용이다.

줄거리가 너무 단순해서 보지 않으려다가, 이 영화를 주제로 쓴 논문을 여러 편 발견하고서 혹시나 하는 마음으로 영화를 보았다. 매우 볼 만한 영화였다.

단순한 주제 속에서 주인공이 지나는 길목마다 세속과 대비되는 자연이 펼쳐졌고, 상처와 대비되는 치유의 과정들이 차분히 전개되었다. 영화 속에는 조건 없이 안아주는 자연의 너그러운 미소가 가득했다. 불치병으로 죽어가는 엄마가 딸에게 한 건넨, "내게 그렇게 시간이 없는 줄 몰랐어."라는 말은 중년인 내게 참 깊게 다가왔다.

신앙인인 내게는 이 영화에서 다뤄진 외로움(loneliness)과 고독(solitude)의 차이가 극명하게 드러나 보였다. 외로움은 병이지만, 고독은 성찰과 기도의 출입구가 된다. 청소년 관람 불가인 영화이지만 에로틱하지 않아 크게 불편하지 않았다. 실화를 바탕으로 만들어진 이 영화에서 감독은 '행복에 필요한 것은 용기뿐'이라고 역설한다. 영화 말미에서는 할아버지들이 된 서든 록 그룹 '그레이트풀 데드(Greatful Dead)'를 볼 수 있어 반가운 마음이 들었다.

또 다른 작품은 2020년 넷플릭스(Netflix)에 공개된 다큐멘터리 〈행복 원정대〉이다. 독일의 두 젊은이가 몇 년간 돈을 모아 낡은 버스를 구입해 개조한 뒤, 캐나다 북부에서 남미의 끝인 아르헨티나로 향하

〈행복 원정대〉 2017년작 ⓒ넷플릭스

는 여행을 시작한다. 행복한 여행이었지만 곳곳에 위치한 암초에 부딪혀 결국 멕시코에서 여행을 마칠 수밖에 없었다. 현지인에게 버스를 판매하면서 두 사람은 하염없이 눈물을 흘리는데, 왠지 그 마음을 잘 알 것 같았다.

우리네와 전혀 다른 인생관과 목적을 지닌 서구 젊은이들의 여행을 함께하며 나는 진정한 삶과 행복에 대해 다시 한번 생각했다. 그리고 어떤 삶이 하나님께서 원하시는 삶인지를 생각했다.

젊은 시절, 비록 중도에 포기할지라도 용기 내어 여행을 떠나지 않은 내가 밉다. 김영하는 『여행의 이유』에서 실뱅 테송(Sylvain Tesson)의 글을 빌려 여행을 약탈에 비유한다. 여행자는 자기 마음대로 미지에서 무엇인가를 가져온다는 뜻이다.[131] 시작하지 못했던 일을 용기 내어 시도하거나, 무서워서 가지 않았던 길을 가게 되면 자신이 알지 못했던 새로운 '나'를 만나게 된다. 그렇게 발견한 내 모습은 긍정적일 수도 있지만 부정적일 수도 있다. 설령 내 모습이 부정적이라 해도, 우리는 여행을 통해 부정적인 것을 치유하고 긍정적인 나를 발전시킬 수 있다.

빌 브라이슨의 책을 읽으며 크리스토퍼 틴(Christopher Tin)의 '바바 예투(Baba Yetu)'를 들으면 제격일 것 같다. 이 곡은 아프리카 언어인 스와힐리어로 노래한 주기도문이다. 공식 영상보다는 아프리카 연주자들인 '소웨토 가스펠 콰이어(Soweto Gospel Choir)'의 음악을 추천한다. 뮤직비디오는 로얄 필하모닉과 카도간 홀에서 협연한 것이 감동적이다. 외워서 불러보고 싶었는데 잘 외워지지 않아서 한글 토를 달아놓은 가사를 찾아 따라 불렀다. 이 곡으로 주의 기도를 하면 아프리카의 광활한 초원이 머릿속에 그려진다. 눈을 통해 숲을 여행했으니 초원은 귀로 여행해 보는 것도 좋겠다.

여행 콘텐츠들을 통해 잠시 탁 트인 가슴을 경험하시길 기도한다.

---

[131] 실벵 테송, 『여행의 기쁨』, 문경자 역 (어크로스, 2016), 39, 김영하, 『여행의 이유』 (문학동네, 2020), 155에서 재인용. 유튜브에 검색하면 실뱅 테송의 '은둔자의 삶, 바이칼호에서 보낸 6개월'을 감상할 수 있다.

커피와 영화 즐기기

나의 커피 이력서

1973년의 일이다. 외국에 다녀오신 아버님의 짐 속에서 한 번도 보지 못했던 이상한 물건이 하나 나왔다. '도대체 뭐에 쓰는 물건일까?' 생각하며 이리 보고 저리 보아도 도통 감이 잡히지 않던 그 물건은 바로 커피 메이커(coffee maker)였다. 네덜란드의 필립스(Philips) 제품이었던 그 기계는 작고 투박했지만, 신기하게도 금세 따뜻한 커피를 만들어 냈다.

그때부터 '설탕 둘, 커피와 크림 하나씩'이던 어머니의 기가 막힌 다방커피 배합 비법은 적어도 우리 집에선 무용해졌다. 대신 어머니는 미군 PX에서 흘러나온다는 원두를 사려고 도깨비시장을 주기적으로 방문하셨다. 그때부터 나는 결혼하기 전까지 매일 아침 커피 메이커 소리에 뒤섞인 커피 향을 맡았다.

이른 아침, 잠에서 슬쩍 깨어날 때면 그라인더(grinder, 커피 분쇄기) 소리며 쪼르륵 커피가 내려오는 소리가 들렸다. 그리고 커피 향이 온

집 안에 퍼졌다. 아버님은 매일 아침을 신선한 커피와 함께 시작하셨다. 일하실 때는 물론 온종일 커피를 홀짝이시던 아버님의 치아는 점점 커피색으로 바뀌었다.

얼마 전 아버님의 묘를 이장하며 백골이 되신 아버님의 치아를 보았는데, 마치 그리운 아버님을 보는 것처럼 반가웠다. 때로는 '왜 커피를 저렇게 과하게 좋아하실까?' 하고 생각했고, 나는 아버님만큼은 커피를 즐기지 말아야지 다짐하기도 했다. 하지만 이미 내 모습은 오래전 아버님의 모습과 완벽하게 일치한다. 다만 몇 가지, 아버님보다 내가 더 행복한 점이 있다.

아버님은 매일 아침 직접 커피를 내리셨지만, 나는 아침이면 늘 커피를 내려주는 아내와 30년 가까이 함께하고 있다. 게다가 예전과는 다르게 커피 전문점이 많아졌으니 신용카드 한 장이면 언제 어디서든 커피를 맛볼 수 있다.

또한 나는 C사의 텀블러 덕분에 일 년 365일, 온종일, 따듯한 커피를 들고 다니며 즐길 수 있다. 내 주변의 학생들과 지인들에게 C사의 텀블러는 이미 나의 시그니처 아이템이 되었다. 이 텀블러는 아버님을 다시 만난다면 가장 먼저 선물해 드리고 싶은 물건이기도 하다. 여담이지만, 내 제자 중 하나는 내가 쓰던 텀블러를 자신에게 물려달라고 조르기도 했다.

나는 내가 처음으로 사 먹은 커피를 정확하고도 생생하게 기억한다. 고등학교 3학년 말, 대입 시험이 끝난 직후였다. 3년 내내 같은 반이었던 H의 형이 우리 몇 명을 모아 H의 여동생 무리와 미팅을 시켜줬다. 인생 첫 미팅이어서일까. 나는 그때 내 물건을 집어 들어 파트너가 되었던 여학생의 얼굴이 여전히 기억난다. 딱 한 번 보았을 뿐인데, 굳이 기억하고 싶은 것도 아닌데 말이다. 왜 이런 기억은 잘 지워지지 않는지 모르겠다. 마로니에공원 근처 카페에서 촌스럽게 일렬로 마주 앉은 우리는 고등학생임에도 호기롭게 커피를 시켰다.

커피는 복숭아 꽃무늬가 선명한 예쁜 잔에 담겨 있었다. 나는 커피에 설탕을 넣으려고 설탕통을 찾았는데, 마침 자기 잔에 설탕을 넣던 H가 눈에 들어왔다. 내 우측에 앉은 H는 사시나무처럼 손을 떨며 티스푼 위의 설탕을 이리저리 흘리고 있었다. 결국 H의 커피잔으로 들어간 설탕은 그리 많지 않았다. 가끔 H를 만나는 덕분에, 내가 처음으로 사 먹은 커피를 웃으며 추억할 수 있다. 안타깝게도 처음 경험한 커피의 맛은 기억나지 않는다. 하지만 그 커피가 그리 따뜻하지 않았던 것만은 분명하게 기억난다.

목회와 학업 때문에 피치 못하게 미국에 살았던 시절에 커피는 내가 미국을 좋아하는 유일한 이유였다. 교회나 학교에 가도, 회의에 참석해도 마음대로 마실 수 있는 공짜 커피가 준비되어 있었다. 물론 양판점에서 파는 싸구려 커피를 사용해 맛은 훌륭하지 않았고, 온종일 따뜻한 온도를 유지하다 보니 마치 오래된 김장처럼 군내가 나기도 했지만 나에게는 거부할 수 없는 특혜였다.

학교에 갈 때면 늘 빈 텀블러를 챙겼다. 로비의 대형 커피포트에서 커피를 텀블러에 가득 담은 후 수업에 들어갔고, 수업시간 내내 커피를 마시며 공부했다. 운전하면서 커피를 마시는 습관 때문에 내겐 온전한 넥타이가 별로 없었는데, C사의 텀블러를 만난 후 더는 아내의 잔소리를 듣지 않는다.

이렇게 장황하게 커피 이야기를 하니 내가 커피를 잘 알고 커피의 맛과 향에 까다로우리라 생각할 수 있다. 또 내가 비교적 값비싼 원두를 좋아하리라 추측할 수도 있다. 그러나 전혀 그렇지 않다. 나는 커피에 대해 알고 싶지도 않고 브랜드와 가격도 무관하다. 그저 '진하고 따뜻한 아메리카노'면 만족한다.

나에게 커피를 사랑하는 이유를 물으면 나는 선뜻 대답하지 못한다. 물론 커피의 맛과 향을 좋아한다. 아무리 더워도 따뜻한 커피만을 즐기는 이유이기도 하다. 그러나 한 모금의 커피는 내게 평안을 선물한다. 하루 2~3잔의 커피와 차를 마실 수 있는 여유는 하나님이 내게 주신 축복임이 분명하다.

커피와 잘 어울리는 영화

오래된 영화지만, '커피' 하면 〈아웃 오브 아프리카〉가 생각난다. 이 영화는 부유한 상속녀인 주인공이 케냐의 농장에서 커피 농사를 지으며 겪는 일들을 다뤘다. 따라서 영화에는 커피나무와 관련된 내용과 커피의 생산과정이 구체적으로 등장한다. 영화를 보며 '지금 우리가 맛보는 케냐AA가 이런 과정을 통해 생산되었구나.' 하고 생각했다.

젊은 시절, 이 영화를 보며 아름다운 음악과 아프리카의 광활한 자연을 담은 영상미에 감탄했던 기억이 있다. 자서전을 바탕으로 한 이 영화를 한마디로 요약하자면 '아프리카에서 벌어지는 사랑이야기'이다. 이 영화를 통해 모차르트의 클라리넷 협주곡

(K.622)이 대중적인 인기를 얻었고, 영화 주제곡도 큰사랑을 받았다. 1986년 58회 아카데미에서 7개의 상을 받았고, 이후에도 무려 28개의 영화상을 휩쓸었으니 실로 대단한 영화이다.

하지만 30년도 더 지난 지금의 시각에서 보면 이 영화는 비난받아 마땅하다. 수상은커녕 상영이 불가할지도 모른다. 영화에는 재미로 하는 사냥, 총에 맞아 피를 흘리며 떨어지는 새, 코끼리 상아 채집꾼 등이 등장하는데, 이들은 오히려 애교스럽다. 이 영화는 제국주의와 침략, 원주민들의 토지 박탈과 추방, 흑인 저항운동, 식민전쟁에서 원주민들을 총알받이로 사용하는 등의 야만적인 상황에서 문학과 시를 논하고 불륜을 미화하는 더러운 백인 제국주의자들의 사랑 놀음을 그린 이야기일 뿐이다.

영화에서 원주민들은 철저하게 오리엔탈리즘과 같은 경향의 아프리카니즘의 시각에서 비춰진다. 내가 커피를 마시며 공정 무역과 아동 노동에 관심을 가지게 된 이유도 바로 이 영화 때문이었다. 단지, 나의 단골 세탁소가 있던 백인 부자 동네 출신인 메릴 스트리프가 구사하는 유럽식 영어 발음에 녹아든 그녀의 재능과 노력이 놀라울 뿐이다.

커피라는 단어를 들었을 때 떠오르는 또 하나의 영화는, 나의 최애 영화 중 하나인 장 자끄 베네(Jean-Jacques Beineix) 감독의 〈베티 블루〉이다. 이 영화의 영어 제목은 〈37.2 Degrees in the Morning〉이다. 37.2도가 오르가슴을 느끼는 순간의 체온이라고 하니, 영화를 보지 않아도 그 표현의 강도를 짐작할 수 있다. 그러나 파격적이지만 야하

지 않고, 충격적이지만 감동적인 이 영화는 3시간 동안 화면에서 눈을 떼려야 뗄 수 없는 작품이다.

상상하기 어려운 사랑의 강렬함과 깊이도 그렇지만 아직까지 내 머릿속에 남아 있는 장면은 배우들이 커피를 마시는 모습이다. 이 영화를 통해 처음으로 우리네 대접처럼 생긴 커다란 잔에 커피를 마시는 프랑스인들의 모습을 접했다. '저런 잔에 마시는 커피는 어떤 맛일까?' 그때도, 지금도 여전히 궁금하다.

커피와 음악은 찰떡궁합이라고 했던가?

내친김에 모차르트 클라리넷 협주곡을 한번 들어보는 것도 괜찮을 것 같다. 모차르트와 하이든의 곡을 들을 때면 나는 종종 '착하게 살아야겠다'고 생각한다. 그래서 가끔은 그 두 작곡가가 싫어지기도 한다. '이 정도 살면 됐지, 얼마나 더 착하게 살라는 것인가?' 하는 반항

심이 생기는 것이다. 모차르트의 곡은 상업적으로 많이 이용돼 다소 뻔하게 느껴지기도 하지만, 감미로운 곡들을 만든 그의 섬세한 감성은 여전히 그를 좋아할 수밖에 없게 만든다.

커피와 잘 어울리는 음악들

영화처럼 커피 하면 생각나는 음반도 있다. 한때 컴파일레이션 음반(compilation, '편집 음반'이라고도 함)이 유행했었다. 당시 나는 어떤 일을 계기로 더는 컴파일레이션 음반을 구입하지 않았는데, 내가 구입하지 않은 〈진한 커피〉 음반 시리즈를 어떻게 가지고 있었는지는 기억나지 않는다.

예전에는 이 음반들을 가지고 다니며 운전 중에 곧잘 듣곤 했었다. 아직도 1집과 5집이 남아 있는데, 모처럼 생각이 나서 먼지를 털고 CD플레이어를 이용해 들어보았다. 한때 익숙했던, 오래되었지만 엊그제 일처럼 익숙하고도 친숙한 노래들이 흘러나왔다. 김건모, 조관우, 임재범, 박상민, 부활, 뱅크의 '가질 수 없는 너'와 페이지의 '벙어리 바이올린'도 있었다. 늦은 밤, 옅게 내린 커피를 마시며 노래를 듣는데 슬쩍 소름이 돋았다. 가끔씩 커피와 함께 과거의 느낌과 추억을 즐기는 것도 좋겠지 싶다.

떠오르는 커피 생각을 가만히 따라가니 어느덧 나의 시야는 중동을 향해 있었다. 커피의 역사에 문외한인 나는 귀동냥으로 아프리카가 커피의 원산지이며, 오스만 제국이 커피 문화의 중심지였다는 것을 알았다. 또한 서유럽의 카페는 커피를 마시며 한담하는 장소에서 대형 금융회사나 경매회사로 발전하기도 했다. 이는 오스만 제국의 커피 하우스 문화가 전해진 결과로, 잘 알려진 역사적 사실이다. 그리고 커피는 원래 이슬람 신비주의 수피즘(Sufism)의 수도자들이 각성을 위해 마시던 음료라는 말도 있다.

어찌 되었건 언젠가는 커피 하우스의 원조인 튀르키예의 카페에서 커피를 맛보고 싶다.

커피와 독서

대리만족이라고나 할까? 튀르키예에 가서 오스만 제국의 커피를 맛보는 대신, 나는 무더운 여름 내내 동네 도서관에서 중동 및 이슬람 지역을 여행했다.

이 여행은 지난해 내가 한 일 가운데 가장 잘한 일이었다. 그해 여름은 존 웨슬리는 잘 알면서도 프랜시스 애즈베리나 토마스 콕은 잘 알지 못하고, 초기 감리교회사에 훤하면서도 웨슬리 사후의 잉글랜드 감리교회사나 미국 감리교회사에는 우물쭈물하는, 조선사를 줄줄 읊으면서도 정작 한국 근현대사에는 캄캄한, 역사의 편식과 불균형을 해소하는 시간이었다. 마치 잃었던 한쪽 눈의 시력을 회복한듯한 기분이었다.

서유럽의 역사와 문화, 지리, 언어는 감리교인뿐 아니라 한국인 모두에게 익숙하다. 공교육을 통해 그들의 역사를 배웠기 때문이다. 그런데 유럽의 절반 가량을 무려 천 년 가까이 지배했던 제국에 대해서는 아는 바가 거의 없다. 그래서 그저 '커피는 서구의 문화'라고 여기며 살고, 중동과 아랍, 이슬람을 구분하지 못하고 비슷한 것으로 여기며 사는지 모른다.[132]

지난여름, 시간 가는 줄 모르고 읽었던 10여 권의 책 중에서 유진 로건(Eugene L. Rogan)의 『아랍 : 오스만 제국에서 아랍 혁명까지』와 버나드 루이스(Bernard Lewis)의 『중동의 역사』를 추천하고 싶다. 분량과 내용 면에서 다소 부담스러웠지만, 이 책들은 매우 큰 유익이 되었다.

시원한 동네 도서관 소파에 앉아 커피를 홀짝이며 책을 읽었던 덕택에 나는 무지했던 역사의 한쪽을 찾았다. 글을 쓰거나 책을 읽을 때는 역시 커피가 제격이다.

유진 로건의 아랍 근현대사

---

132 이충범, '오해와 편견, 이슬람에 대한 소고', 레페스포럼, 『종교로 평화 만들기 : 반일과 혐한을 넘어』 (모시는사람들, 2022), 299~334.

권태
극복하기

무기력한 교회생활

오늘도 목회자들의 모임인 '화요 신학회'에 참석했다. 초청 교수는 '역사 신학에 비춰본 교회의 미래'라는 제목으로 그럴싸한 강연을 이어 갔다. 졸음이 엄습하지 못할 만큼 강의는 흥미진진했다. 그러나 나는 질문하기를 포기했다. 질문할 힘이 없었다. 정작 교회 현장에서는 그 어떤 변화도 찾기 힘든데, 그럴싸한 말들의 잔치는 벌써 이십 년이 넘어간다. 강의나 동료들의 안부보다는 오늘의 점심 메뉴에 더 관심이 있다. 강의 후, 몇몇 동료들과 시큼털털한 인사를 나눈 후 식당으로 향했다.

느지막이 도착한 식당은 사람들로 가득 차 있었다. 남은 자리는 가장 선배인 K목사님 앞자리뿐이었다. 매번 그랬듯이 K목사님은 특강에 대한 자신의 견해를 열광적으로 말씀하셨다. K목사님의 이야기는 "나 때는 말이야", "요즘 젊은 목회자들은…." 하며 요즘 세태를 향해 혀를 끌끌 차는 것으로 결론을 맺었다.

동료들과의 대화에서는 교단과 신학교에 관한 이야기가 빠지지 않고 나왔다. 도저히 이해할 수 없는 교단의 행태는 아무리 먹어도 물리지 않는 김치 같다. 개혁이니 새바람이니 하는 것들도 이제는 허무하게만 들렸다. 게다가 신학교는 높은 가을하늘의 조각구름처럼, 현장과 너무 멀리 떨어져 있었다. 신학 교수들의 멋들어지고 현학적인 글은 늘 허공을 메아리처럼 떠돌았다. 오늘 들은 강연과 비슷했다. 이런 대화 속에서 나는 그저 침묵했다.

몇 남지 않은 지역 청년들을 모아 체육 동아리를 하나 만들려고 하는데, 교단은 지원은커녕 무관심으로 일관했다. 교인들이라도 한마음 되면 좋으련만 나이 든 교인들이 툭툭 던지는 말 속에는 '괜한 짓 하지 말라'는 분명한 메시지가 담겨 있었다. 이들의 반대에는 교회 재정에 대한 우려가 들어있다는 것을 나는 잘 알고 있었다. 그나마 순수하리라고 기대했던 아이들조차 옛날과는 달리 젊은 목사를 시험하고 장난을 걸어왔다.

얼마 전, 교회의 빠듯한 재정에 손을 보태려고 매달 한 번 교회 뜰과 주변을 청소하던 이웃을 그만두게 하고 내가 직접 손을 걷어붙이고 청소를 했다. 그런데 선하다면 선한 이 결정으로 교회에 분란이 일었다. 이전에는 굴지의 비료 중개업을 하는 동창을 이장에게 소개했다가 난리 난 일도 있었다. 설마 교인들은 좋은 비료를 저렴하게 사는 것보다 목사를 공격하는 일이 더 행복한 것일까? 아니다. 그보다는 아무리 적은 이익이라도 자신들이 결부된 일에서는 내가 초월해지기를 원하는 것이다. 그것이 교회를 위한 일일지언정 말이다.

집값이 치솟은 요즘 같아선 청빈과 무소유에 대한 설교는 나조차 감당하기 어렵다. "부자가 하나님 나라에 들어가는 것은 낙타가 바늘구멍으로 지나가기보다 어렵다."라는 구절은 대충 넘어가자. "어린이와 같지 않으면 하나님 나라에 들어갈 수 없다."라는 설교 이후, 교인들은 마치 마음에 안 드는 내용은 적당히 걸러낸 채 두루뭉술한 조약문을 만드는 외교관처럼 유튜브에서 마음에 드는 설교를 찾아 들었다. 자신의 마음에 쏙 드는 해석만을 받아들이는 것이다.

나는 첫 목회지인 이곳이 마지막 목회지가 될 것이라는 각오로 부임했다. 내 영혼 깊숙한 곳, 어느 마을 뒷산 위에 내 십자가를 세우고 나는 늘 그곳에 매어 달리는 묵상을 했다. 내가 있는 지금 이곳이 하나님께서 내게 부여하신 '하나님의 나라'라는 믿음에는 변함이 없다. 그러나 현실은 내 기도와 너무 달랐다. 그래서일까? 나는 계속된 좌절로 목회에 대한 기대와 소망을 놓아 버린 듯했다. 이렇게 서서히 권태와 무기력의 늪에 빠지는 것은 아닌지 두려웠다.

서구 기독교의 몰락과 젊은 신부의 죽음

위의 글은 현장목회자로서 내가 경험하고 느낀 감상을 적은 것이 아니다. 위의 글은 오래전 발표된 한 소설 속에 등장하는 사제의 푸념을 현대에 맞게 약간 수정한 것이다. 무려 85년 전의 소설인데, 당시 프랑스 가톨릭 사제가 가졌던 교회와 기독교에 대한 느낌이 현재 우리의 것과 그리 다르지 않다.

이 책은 1936년에 나온 조르주 베르나노스(Georges Bernanos)의 소설 『어느 시골 신부의 일기』이다. 이 책은 판매가 시작된 직후 일약 베스트셀러가 되었고, 현재까지도 여러 언어로 번역, 출간되는 스테디셀러이다.

프랑스 문학에 특별한 관심이 있지 않은 한 조루주 베르나노스에 대하여 깊이 알 필요는 없다. 그는 종교 문학 분야에서뿐 아니라 '20세기 최고의 작가' 중 한 사람으로 평가받는다.

1, 2차 세계대전 사이에 활발하게 활동한 그는 가톨릭과 왕당파의 배경을 가진 집안에서 태어났다. 하지만 1차 세계대전에 참전하고, 스페인 내전과 2차 세계대전을 경험하면서 정통 우익의 정치적 입장을 견지했던 것 같다.

그럼에도 그의 작품에는 깊은 종교성이 그대로 드러나 있다. 심지어 그는 악마와 대결하는 선(善)을 그린 작품 『사탄의 태양 아래(1926)』로 일약 스타 반열에 올랐다. 또한 『어느 시골 신부의 일기』을 읽다 보면, 그가 가진 종교사 및 신비 문학에 대한 관심과 심오한 깊이를 쉽게 느낄 수 있다.

이 소설은 신학교를 졸업하고 첫 임지에서 목회하던 중 불치병으로 죽은 젊은 신부의 내면을 적은 일기이다. 주임 신부와의 대화, 백작 가문의 내막, 의사 델방드의 자살, 치유하려고 했던 백작 부인의 죽음, 외롭고 비극적인 죽음 등의 줄거리는 그리 중요하지 않다.

이 소설에서 우리가 읽어내야 할 부분은 젊은 신부의 독백을 통해 그리고 그가 만났던 사람들과의 대화를 통해 그려지는 서구 기독교의 여러 현상과, 이로 인한 절망에 대항하는 젊은 사제의 고뇌이다. 독백이나 대화의 형식으로 초기 자본주의, 계층 변동, 정치 체제, 죄, 윤리, 천국 등의 주제들이 신학적으로 성찰된다. 나는 이 책의 키워드를 절망, 투쟁, 어린이로 생각했다.

앞서 언급했듯이 이 소설은 제국주의 시대와 양차 대전 사이에 쓰였다. 더는 기독교의 논리가 통하지 않는 시대였고, 노예제와 자본주의의 모순이 적나라하게 드러나는 시대였으며, 그럼에도 불구하고 성서에 그려진 천국보다 더 풍요로운 세상이 구현된 시대였다. 그러나 교회가 할 수 있는 일은 없고, 교회가 받아들여지지 않는, 탈 기독교 과정에 접어든 20세기 초반의 보편적 상황에 주인공은 절망했다. 그리고 이 시대적 절망은 열정도 없고 삶을 바꾸지도 못하며, 살아서 움직이지도 않는 습관화된 종교, 즉 교회에 대한 권태로 드러났다. 교회를 아귀처럼 먹어 치우는 권태와 무기력은 곧 작가의 권태이자 주인공의 권태였고, 교인들의 권태였으며, 시대적인 권태였다.

병약한 젊은 신부는 이 절망과 권태를 이기고자 버티고 또 버텼지만, 이내 힘에 부쳤다. 영혼에 대한 절절한 사랑으로 힘을 내보았지만, 그가 사랑하고 구원하려 했던 영혼들의 죽음은 그를 절망의 나

락으로 떨어뜨렸다. 그러나 그는 늘 어린이에 대한 믿음을 가지고 있었다.

성자란 고답적인 인물이 아니라 어린이처럼 복음을 있는 그대로 받아들이는 순수한 영혼이다. 베르나노스는 어린이와 같은 순수함을 성자(saint)의 본질로 상정하고 이를 주인공에게 투영시켜 절망스러운 시대의 희망으로 제시했다. 엄습한 죽음 앞에서 주인공은 "자신은 비록 하나님께 모든 것을 바쳤지만, 때론 방법을 몰라 그분의 뜻을 온전히 이루지 못했다."고 고백했는데, 이 고백 앞에 선 나는 매우 부끄러웠다. 교회의 사명은 '잃어버린 기쁨의 근원을 되찾아내는 것'이라는 언급에서는 나 자신의 소명을 되돌아보았다.

어린아이이자 성자였던 주인공은 "아무렴 어떤가? 모든 것이 축복인데."라는 말을 남기고 차디찬 복도의 간이침대에서 성자처럼 하나님 곁으로 떠난다. 민음사에서 최근 17쇄를 출간했는데, 번역 자체가 또 하나의 작품처럼 훌륭하다.

이 책에는 깊이 있는 신학, 교회사적 지식, 수도원과 신비주의에 관한 다양한 정보, 생소한 교회 전통과 용어, 20세기 초 사회·정치 사상 등이 서사시처럼 얽혀 있다. 또한 번역본을 읽으면서도 불어의 아름다움을 느낄 만큼 정치(精緻)한 번역과 친절한 역주가 있으니, 이 책은 분명 가치 있는 고전임이 틀림없다.

학창 시절, 한 친구가 '방학 중에 베토벤의 현악 사중주를 정복하는 것이 목표'라는 말을 했다. 그 말에 혹하여 '나도 한 번?' 하는 심정으로 전집을 구해 음악을 들었는데, 며칠을 고생하다 그만둔 기억이

난다. 여전히 베토벤의 현악 작품들은 들을 때마다 새롭다. 그리고 졸립다. 역시 고전을 소화하기란 쉽지 않다.

위에서 소개한 책 역시 쉽게 읽히지 않는 고전이다. 신학과 역사에 대한 방대한 대화가 30쪽을 넘어가고, "이것 보게나."로 시작하는 주임 신부의 욥기 같은 장광설만도 10쪽에 이른다. 이 외에도 역사신학 전공자가 아니면 알기 힘든 용어들, 인물들, 지명들이 즐비하다. 심지어 새로 산 코트에 얼룩이 생긴 사연, 미리 따라놓은 포도주 맛이 변한 이유, 한 번 등장하는 인물들의 습관과 말투까지 괄호 안에 넣어 표현한 문학적 기법들을 안내하며 읽기란 쉽지 않다. 특히 스릴러나 액션처럼, 숨 막힐 듯 빠른 전개를 보여주는 현대 소설에 익숙한 젊은 웨슬리언들에게는 더욱 어려울 것이다.

영화와 음악으로 즐기는 문학

그렇다고 해서 이 좋은 작품을 놓치는 것은 인생의 적자이다. 문자만큼 풍성하고 깊은 내용들에 다 도달할 수는 없지만, 거장의 영상 해석은 감상할 만한 가치가 충분하다. 1951년 로베르 브레송(Robert Bresson, 1901~1999)이 원작과 동일한 제목으로 발표한 작품은 책보다 쉽

영화 〈어느 시골 본당 신부의 일기〉

게 접근할 수 있다. 물론 이 역시 느리다. 내용은 차치하고라도 1950년대 영화에서 구현하는 미장센이 나처럼 오래된 분위기와 물건을 좋아하는 사람들에게는 더욱 볼만하다.

이참에, 마음먹고 베토벤 현악 4중주를 들었다. 새해를 밝고 힘찬 내용으로 시작하지 못해서 못내 아쉽지만, 글의 마지막이나마 희망차게 끝맺고 싶다. 베토벤의 현악 4중주 마지막 작품 16번(op. 135 in F major)은 그의 마지막 작품이다. 그는 이 곡을 쓰고 5개월도 안 돼서 세상을 떠났다.

1, 2, 3악장은 다소 무겁게 느껴진다. 그러나 4악장 알레그로는 경쾌하고 밝다. 죽음을 앞둔 그에게도 죽음 이후의 또 다른 세상에 대한 설렘과 기대가 있었던 것이 아닌지, 내 맘대로 해석해 본다. 4악장은 7분이 채 되지 않는 짧은 곡이니, 이 곡을 감상하며 교회의 밝은 미래를 묵상하는 것으로 새해를 시작해도 괜찮을 것 같다.

지금은 미래를 예측하기 힘든 격변의 시대이다. 교회의 역할과 존재 이유를 질문받는 시대이기도 하다. 성장과 발전보다는 보존과 수성이 필요한 시대임에도 지금 우리는 어두운 권태가 지배하는 교회와 마주 서 있다. 주인공이 고뇌하며 새길을 모색했던 시대 상황이 왠지 낯설지 않다. 실제로 서구 교회가 이 시대 이후 쇠락의 길을 걸었다는 역사적 사실이 우리 기도를 더욱 간절하게 한다.

통증과 함께 살기

질병에 익숙한 교회

 교회는 늘 아픈 사람들로 북적인다. 성도들의 연령대가 높아지니 교회 안에 질병과 통증이 가득하다. 목사는 아픈 사람들을 위로하고 그들을 위해 기도한다. 목회 활동 중 많은 시간을 환자 심방에 할애할 수밖에 없는 현실이다. 그런데 정작 교인들은 목사님의 통증과 질병에는 무관심해 보인다. 많은 사람이 목사는 혈색 좋은 얼굴을 하고 매일 밤 편히 잠든다고 생각한다. 이 때문에 목사들은 아파도 아프다고 이야기하길 꺼린다.
 그 어떤 직업보다 스트레스 지수가 높고 정신적 노동이 많은 목사가 아프지 않을 리 없다. 타인의 질병과 통증 치유를 위해 간절히 기도하지만, 자신의 아픔은 마음 놓고 드러내지 못하는 목사는 어쩌면 안쓰러운 존재일지도 모른다.
 통증은 교회생활의 가장 중요한 주제 중 하나이기도 하다. 교인들은 목사에게 아픔을 호소하고, 목사는 아픈 곳에 손을 얹고 안수하거나 함께 기도하고, 목회 기도 속에 늘 환우들의 치유를 간구한다. 심지어 균형이 맞지 않는 다리 길이를 맞추거나, 한 번의 안수로 통증과 질병에서 환자를 해방시키는 신유 집회의 인도까지, 통증과 목회는 매우 밀접한 관련이 있다.

평소 나는 특별한 운동을 하지 않아도 근력에 문제가 없었고, 다이어트에 무심해도 체중에 큰 변화가 없는 체질이었다. 몇 년 전, 그런 나에게 지독한 통증이 찾아왔다. 나름 침몰해 가는 배를 구한답시고 매일 밤 책상 앞에 앉아 있던 나의 무식과 자만은 등과 어깨의 통증으로 나타났다. 등이 아프니 편히 잠들 수 없었고, 어깨가 아프니 얼굴을 찌푸리고 다닐 수밖에 없었다. 이후 이 통증은 목과 허리, 그리고 팔꿈치와 무릎까지 침범했다.

잠시 눈을 붙이는 것에 만족해야 했던 밤, 통증으로 뒤척일 때면 침대에 엎드려 눈물을 찔끔 흘리며 하나님께 기도했다. 뭐든지 내가 다 잘못했다고. 그러면서도 통증이라는 반갑지 않은 손님을 앞에 두고 '목사로서 할 수 있는 일이 오직 기도뿐인가?' 하는 의문이 들었다. 그래서 의학적으로 진단되지 않는 통증의 정체는 무엇이며, 역사 속에서 신앙 선배들은 육신의 고통을 어떻게 받아들이고 대응했는지 알아보기 시작했다.

통증 연대기

믿음의 선배들은 보편적으로 통증과 질병을 하나님의 섭리와 체벌로 이해했다. 이러한 인식은 욥의 친구들로부터 아일랜드의 국교도였던 루이스(C. S. Lewis, 1898~1963)에 이르기까지 가장 일반적이었다. 하나님은 인간에게 통증과 질병을 허락함으로써 인간이 죄와 실수에서 돌이키길 바라셨다. 그래서 예수님도 병자들을 치유할 때 병이 나으라 하지 않고 "죄 사함을 받으라!"라고 선포하셨다. 따라서 처벌인 동시에 회복의 도구이기도 한 통증은 극복과 인내의 대상으로 여겨졌다.

다른 한편에서는 통증과 질병을 극복해야 할 악으로 여겼다. 이들은 질병과 통증을 악마적 침범이나 완전성의 훼손에 의한 결핍으로 이해했는데, 이때 통증은 투쟁하고 승리해야 하는 대상이 된다. 이러한 투쟁은 불완전하거나 결핍된 상태의 한 인간을 온전한 그리스도인으로 변화시킨다. 그래서 통증이나 질병과의 투쟁은 그리스도인의 자기 정체성 확보와 강화에 활용된다.

가령 질병이나 사고로 인한 통증은 군인에게는 악의적 침범이나 결핍이다. 그리고 훈련 중 발생하는 극도의 통증은 극복해야 할 대상이다. 사무실에서 일하는 편한 보직의 군인보다 해안, 산악, 공중으로 침투하는 군인들에게 군인 정신이 더 투철한 이유는 훈련 중에 느끼는 통증을 군인 정신으로 극복했기 때문이다. 따라서 통증은 투쟁해야 하는 대상이다. 우리의 투쟁을 응원하는 지원자도, 승리 후 메달을 수여하는 수여자도 하나님이다.

그렇다면 통증은 항상 악이고 무용한 것일까?

기독교 역사에서 통증과 질병을 이해하는 마지막 방식은 오히려 전혀 반대되는 관점에서 통증을 이해한다. 통증에 적극 참여하는 방식인데, 이로써 통증은 기쁨과 쾌락으로 화(化)한다. 이는 육체적 통증과 정신적 붕괴가 신성함을 이루는 중요한 요소일 뿐 아니라 신적 경지에 참여하는 필수 과정으로 여겼기 때문이다.

중세 후기를 살았던 대부분의 신비주의자에게서 이러한 견해가 나타나는데, 16세기 놀위치의 줄리안(Julian of Norwich)이나 현대의 리지외의 데레사(Thérèse of Lisieux)가 대표적이다.

우리의 사부인 웨슬리는 질병과 통증을 어떻게 이해했을까?

다행히 웨슬리는 근대 과학의 발전을 거부감 없이 수용한 인물이었고, 매우 과학적으로 질병과 통증에 접근했다. 조지 휫필드는 초기 감리교 운동의 지도자이자 뉴잉글랜드 대각성 운동의 영웅이었지만, 몸이 매우 약했다. 휫필드는 자신에게 통증이 찾아오자 속히 천국에 가기를 기원했으며, 아픈 몸으로 설교 여행을 다니는 매 순간마다 자신을 치유하고 기력을 주시는 하나님의 은총을 고백했다.

21세기를 사는 우리에게 통증이란 과연 무엇일까?

의학적으로 통증이란 왜곡된(병든) 육신의 결과로 나타나는 감각적 불편함으로 이해된다. 그러나 최근에는 질병과 통증을 인문학적으로 이해하는 접근 방식이 활발히 논의되고 있다. 의학이 과학이 아니라 과학적 방법을 사용한 인문사회과학이라는 것을 절감했기 때문이다.

인문학적인 관점에서 통증은 단지 감각적인 것일 뿐만 아니라 감각과 정서, 인지의 영역이 교차하는 알쏭달쏭한 영역의 것이라고 확

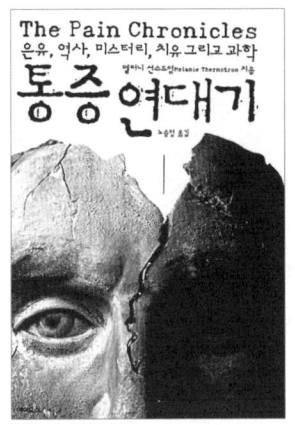 

신한다. 어떤 통증은 아무런 원인 없이 발생하고, 또 어떤 통증은 별다른 치료 없이 치유되기도 하는 이유이다.

멜러니 선스트럼(Melanie Thernstrom)은 오랫동안 자신을 괴롭혔던 원인 없는 통증과의 동행기를 『통증연대기』로 풀어냈다. 이 작품에서 그녀는 작가이자 예술가의 시각에서 바라본 통증을 긴 전기체 형식으로 아름답게 엮어 냈다.

앤 해링턴(Anne Harrington)은 『마음은 몸으로 말을 한다』에서 통증 및 질병의 치유 메커니즘(mechanism)을 재미있고 유익하게 풀어냈다. 하버드의 과학사 교수인 해링턴은 역사 속에서 발견되는 질병과 통증 치유에 관한 기록들이 과학적 보고서가 아닌, 일종의 내러티브(narrative, 묘사)임을 이 책에서 밝혔다. 그리고 서구역사에서 종교, 신비주의, 정신 분석의 모습으로 유행했던 다양한 내러티브를 분석했는데, 거기에는 우리에게 익숙한 플라시보 효과부터 동물자기론(우리 식으로 보면 최면술과 기치료가 결합된 형태), 엑소시즘, 신유 집회, 긍정적 사고법, 자기성(magnetic) 암시법, 히스테리아 등이 포함되어 있다.

종교적 치유에 대한 견해는 사람마다 다르다. 종교적 치유를 인정할 수도 있고, 하지 않을 수도 있다. 또한 종교적 치유를 과학적 도구로 설명 가능하다고 생각할 수도 있다. 그러나 어떤 견해를 가지고 있든지 신앙인으로서 앤 해링턴의 책은 한번쯤 읽어볼 만하다.

통증 완화에 좋은 영화

마치 코로나 상황을 예견한 것만 같은 영화 〈Contagion〉(2011)과 〈감기〉(2013)를 추천하고픈 유혹이 든다. 하지만 이런 영화들은 뒤로 밀어놓고, 조금 얼토당토않은 영화를 추천하려 한다. 2013년에 개봉한 〈Song for You〉가 그 주인공이다.

몇 년 전, 반갑게도 우리나라에서 500만 명 가까운 관객을 동원한 독립 영화가 탄생했다. 〈님아, 그 강을 건너지 마오〉라는 제목으로 개봉한 영화는 평생을 함께한 노부부가 죽음으로 이별하는 과정을 다큐멘터리 형식으로 아름답게 그려냈다. 오늘 소개하는 영화 〈Song for You〉는 영국판 〈님아, 그 강을 건너지 마오〉라고 할 수 있겠다.

두 영화는 비슷한 점이 많지만, 몇 가지 다른 점이 있다. 〈님아, 그 강을 건너지 마오〉의 부부는 항상 사랑이 넘치지만, 〈Song for You〉

의 부부는 갈등을 겪고 있다. 그리고 〈Song for You〉의 주인공인 할아버지는 괴팍하기 이를 데 없다. 〈님아, 그 강을 건너지 마오〉에 등장하는 할아버지의 넉넉한 성품과 비교되는 부분이다.

가장 중요한 차이는 〈님아, 그 강을 건너지 마오〉는 눈물이 펑펑 날만큼 슬픈 영화이지만, 〈Song for You〉는 마냥 슬프지만은 않다는 점이다.

〈Song for You〉는 마을의 노인 합창단에서 노래하는 것을 좋아하는 할머니와 그것을 몹시 싫어하는 할아버지의 이야기이다. 합창대회를 준비하던 할머니는 지병이 악화되어 대회에 참가하지 못하고 삶과 이별한다. 그런데 자기중심적인 사랑에만 집착하던 영감님이,

그토록 싫어하던 노인 합창단에 합류하여 합창대회에 참가해 할머니를 위한 솔로(solo) 곡을 부른다.

그런데 나는 여기서 스테레오 타입(stereotype)의 이야기만을 소개하려는 것이 아니다. 이 영화의 줄거리보다 눈에 띄는 장면은 말기 암으로 인한 지독한 고통 속에서도 행복하고 평안한 얼굴을 잃지 않는 할머니의 모습이었다. 그녀는 통증이 거의 없는 행복한 투병생활을 이어가는 듯 보였다.

〈Song for You〉에서 '며칠 남지 않았다'는 의사의 진단을 받은 후, 노부부는 서로를 꼭 끌어안고 잠자리에 들었다. 이른 아침, 노부부는 창밖에서 들리는 노랫소리에 잠이 깼다. 창문을 여니 노인 합창단 친구들이 앞마당에 모여 죽어가는 그녀에게 노래를 불러주고 있었다. 할머니는 활짝 웃는 얼굴로 사랑하는 친구들과 함께 노래했고, 사랑받고 있다는 듯 행복한 얼굴로 조용히 이 땅에서의 삶을 마무리했다. 통증과 질병이 가장 두려워하는 무기는 바로 행복감과 연대감이었다.

이번에 들어볼 음악은 당연히 친구들이 노부부의 창가에 모여 죽어가는 친구에게 불러준 노래이다. 1972년 스티비 원더(Stevie Wonder)가 만들고 직접 부른 유명한 곡 'You are the sunshine of my life'가 그것이다. '천재'라는 단어 외에는 표현할 말을 찾기 어려운 스티비 원더는 태어난 직후 시력을 잃었다. 그럼에도 그는 철저한 자기관리를 통해 의욕적으로 작품 활동을 했다. 또한 인권, 반핵, 장애인 운동 등 사회 활동에도 큰 역할을 한 대표적인 미국 음악가이다.

활동 후기의 화려한 보컬과는 다르게 감미로운 목소리로 들려주는 이 곡을 한번 음미해 보자. 누군지는 알 수 없지만 스티비 원더는 그의 임에게 "당신은 내 삶의 햇살이고, 내 눈 속의 사과와 같고, 당신과 함께하는 지금이 천국이며, 당신은 영원히 내 마음속에 남을 것"이라고 고백했다.

청년 시절 그랬듯이 카를로 카레토(Carlo Carretto, 1910~1988)처럼 육체적 불운을 무조건 주님의 뜻으로 돌리고 싶은 생각은 없다.[133] 그러나 아파 본 사람으로서, 그리고 앞으로 많이 아플 사람으로서 나는 "아프려면 잘 아프자."라고 확언할 수 있다. 통증과 질병 때문에 희망을 포기하거나 남은 인생을 짜증과 원망으로 채우고 싶지 않다. 통증과 질병을 우직하게 견디며 지나온 삶을 성찰하고 주님과 더 깊은 대화를 나누는 기회로 남은 삶을 채우고 싶다.

---

133 카를로 카레토, 『주여 왜』, 김형민 역 (생활성서사, 1992).

Epilogue

웨슬리언 정체성에 감격하라!

우리는 무식했지만 뜨거웠다!

이 책을 마치면서 다른 교단의 전통에서 성장하다가 중학생 때 웨슬리언이 된 사람으로서 '웨슬리언은 누구인가?'에 대해 다시 생각해 봅니다.

내가 몸담은 감리교회를 생각할 때면, 1992년 개봉한 영화 〈흐르는 강물처럼〉이 떠오릅니다. 로버트 레드포드(C. Robert Redford) 감독의 작품으로, 브래드 피트(Brad Pitt)를 일약 스타로 만든 영화이기도 합니다. 시카고대학교 영문과 노만 맥클레인(Norman McLean) 교수의 자전적 원작을 필름에 담은 이 작품은 스코틀랜드의 완고한 장로교 목사 집안의 비극을 서사시처럼 잔잔히 그려낸 명작입니다.

모범생이던 장남 노만의 여자친구는 감리교 집안 출신이었는데,

영화는 두 집안의 극단적인 대조를 통해 보수적이면서 지적인 스코틀랜드 장로교회와 자유분방한 시골 감리교회의 전통을 고스란히 보여줍니다. 노만이 아버지 맥클레인 목사에게 여자친구가 감리교인이라고 하자, 맥클레인은 "감리교도는 글을 읽을 줄 아는 침례교도"라고 규정하듯 말하는데, 이 대목에서 나는 자존심이 상하기보다 왠지 웃음이 나왔습니다. "그래, 우리는 무식했지만 뜨거웠구나!" 아마도 그 당시 침례교인들은 감리교인들보다 더 글을 몰랐었나 봅니다.

연봉이 1,800불인 맥클레인 목사가 아들을 뉴잉글랜드의 다트머스(Dartmouth)대학으로 유학 보내며 학비를 걱정하는 장면에서는, 그

영화 〈흐르는 강물처럼〉에서 아버지와 아들들의 캐스팅 장면

옛날 200~300불도 받지 못하면서 사람보다 곰이 더 많다는 몬태나(Montana) 주를 떠돌았을 감리교 순회 설교자들이 생각났습니다. 어쨌든 이 작품은 몬태나의 아름다운 자연과 빅풋이나 플랫헤드 같은 몬태나 인디언들의 비극, 장로교와 감리교의 재미난 대비, 디테일한 루어 캐스팅 기술, 1차 세계대전과 뉴잉글랜드의 문화 등 다양한 볼거리와 유익한 배울 거리를 선물합니다.

내가 누구인지 알지도 못한 채 막 감리교 신학을 배우기 시작했을 때, 이 영화를 보며 '나는 누구인가?' 고민했던 기억이 납니다.

I Feel Love

웨슬리언을 생각할 때 떠오르는 사람은 엉뚱하게도 도나 서머(Donna Summer, 1948~2012)입니다. 초기 디스코, 사이키델릭, 테크노, 몽환적인 분위기 등 그녀의 음악은 소위 '정통'이라는 평가를 받지 못했습니다. 더군다나 야하다 못해 음란한 가사 때문에 그녀는 '건전하지 않은 음악가'로 평가받곤 했습니다. 그러나 그녀의 음악은 항상 시대를 앞서갔고, 새로운 대중음악 장르를 이끌었습니다.

이랬던 그녀가 웨슬리언이라는 사실을 아는 사람은 거의 없는 것 같습니다. 나 역시, 그녀가 사망한 후 골수 감리교인임을 알았습니다. 감리교인이었던 정육점 사장의 딸로 태어난 도나 서머는 갑작스러운 성가대 솔리스트의 결석으로, 겨우 열 살에 교회 무대에 처음 섰을 정도로 음악에 천부적인 소질을 갖고 태어났습니다. 이후 그녀는 디스코의 여왕으로 군림하며 1980~1990년대를 주름잡았는데, 안타깝게도 병마로 60대 초반에 생을 마감했습니다.

도나 서머의 7번째 앨범, Bad Girls

그녀의 집안은 보스턴 그랜트 흑인감리교회 사람들이었습니다. 흑인감리교회(African Methodist Episcopal Church, AME)는 '흑인 조지 휫필드'라 불렸던 노예 출신 해리 호지어(Harry Hosier)와 필라델피아 성조지 감리교회의 리처드 알렌(Richard Allen)이 세운 북미 최대의 아프리카계 흑인 감리교회입니다.[134]

하나 더 덧붙이자면, 말년의 도나 서머는 고풍스러운 문화재 교회와 필립 와그너(Philip Wagner) 목사로 유명한 윌셔가(Wilshire Blvd.) 오아시스교회의 설립자 중 한 사람입니다. 이 교회는 와그너 목사 부부

---

[134] 여전히 전 세계에서 왕성한 활동을 하고 있는 AME에 방문하길 추천한다. https://www.ame-church.com

와 30여 명의 성경 공부 참석자들에 의해 시작되었는데 그 30명 중의 한 사람이 바로 도나 서머였습니다. 그녀는 죽기 전까지 물심양면으로 교회에 많은 후원을 했다고 합니다.

중학교 시절에 구입한 그녀의 음반은 들을 때마다 몽환적이고 끈끈하게 느껴졌습니다. 하지만 오늘은 그녀의 음반을 턴테이블에 올리고 최고 히트곡인 'I Feel Love'를 들으며 그녀를 묵상해 봅니다.

'웨슬리언이었던 그녀는 자신을 다른 그리스도인과 어떻게 구별하고 있었을까?'

〈흐르는 강물처럼〉을 다시 보면서, 그리고 먼지 쌓인 도나 서머의 LP를 꺼내 들으면서 도대체 우리 감리교인, 웨슬리언은 어떤 사람들이었는지, 이들은 어떻게 신생국 미국의 최대 종파가 되었고, 그 후에 어떻게 다양한 증식을 하며 전 세계에 퍼져 나갔는지 곰곰이 생각해 봅니다.

'과연 우리는 어떤 사람들이었을까?'

정체성을 찾다 어리둥절했던 편입생

과거를 회상해 보면 편입한 신학교의 모든 교육과정은 흥미진진했습니다. 기대를 많이 했지만 실망스러웠던 과목도 있었고, 아무 기대도 없었는데 흥미진진했던 분야도 있었습니다. 그런데 수업 전에 기대를 많이 했으나 어리둥절하고 찜찜한 느낌으로 마무리된 과목이 딱 하나 있었는데 감리교회사였습니다.

어리둥절했던 이유는 이 수업에서 다루는 감리교의 역사가 존 웨슬리의 출생에서 시작해 그의 죽음으로 끝났기 때문입니다. 웨슬리 사후의 영국 감리교회는 어땠는지, 우리에게 감리교를 전해 준 미국 감리교회의 정체가 무엇인지, 감리교를 넘어 웨슬리언들은 어떻게 증식했는지 전혀 다루지 않은 채 학기가 끝나 버렸습니다. 그래서 과목 이름이 '웨슬리의 생애와 신학'이 아니라 '감리교회사'였던 것도 이상했습니다. 성결교회의 책을 구해봐도 온통 웨슬리에 관한 것뿐이었습니다.

나는 감리교와 웨슬리언의 역사가 오래 되지 않아 특별히 가르치고 배울 만한 역사가 쌓이지 않은 것을 원인으로 추측했습니다. 그리고 웨슬리언 형제들은 성결교회와 나사렛교회 외에 아예 없는 것으로 정리했습니다. 하지만 성결교회나 나사렛교회가 감리교회와 어떤 관계가 있고 어떤 역사와 신앙을 공유하는지 알아내지 못했습니다.

그러나 학기가 끝난 후 뭔지 모를 찜찜함이 남아 있었던 가장 큰 이유는 감리교회사를 배운 후에도 '내가 누구인지' 전혀 알 수 없다는 점이었습니다.

대대로 장로교회에서 자란 나는 1978년 크리스마스이브, 이웃집 누나의 손에 이끌려 감리교회에 첫발을 들였습니다. 그런데 목사님

외에는 누구도 올라가면 안 된다고 믿었던 강단에 감히 청년들이 올라가더니, 한술 더 떠 강대상을 치우고 신나는 복음성가에 맞춰 춤을 추는 것이었습니다. 그 모습에 충격을 받은 나는 '역시 감리교는 이단과 비슷한 종파'라고 생각했습니다. 아마 지금쯤 천국에서 도나 서머가 웃고 있을지 모르겠습니다.

종교적 열광에 휩싸였던 학생들에게 "방언은 신약 시대에 끝났다!"라며 방언 금지령을 내렸던 어릴 적 목사님과 달리, 감리교회에서는 거룩해야만 하는 주일 낮 예배에서조차 통성기도와 방언 소리가 들렸습니다. 무서워서 피해 다녔던 전도관처럼 감리교회의 예배는 뜨거웠습니다.

여담이지만, 내가 감리교회에 다니기 시작했다는 사실을 안 친척들은 은근히 나를 무시했는데, 그 태도는 지금까지도 여전합니다. 마치 〈흐르는 강물처럼〉에 나오는 맥클레인 목사님처럼 말입니다.

아무튼 30여 년 전 내가 수강했던 감리교회사 강의는 '감리교인(웨슬리언)인 나의 정체성'을 이해하는 데 별 도움이 되지 못했습니다. 그리고 나는 한동안 이 질문을 잊고 살았습니다.

오랜 세월이 흐른 후, 잊고 살았던 이 문제가 다시 떠올랐습니다. 다른 점이라면 이번에는 배우는 자가 아니라 가르치는 자로서 고민을 시작했다는 점입니다. 나는 내가 사역하는 학교를 거쳐 가는 학생들이 수많은 교회 출신의 사역자들과 차별되지 않는 한 사람(one of them)이 아니라, 그 어떤 신학교 출신과도 차별되는 웨슬리표, 감리교표 영성을 지닌 목회자들로 양성하고 싶었고 그것이 나의 소명이었습니다.

나는 또다시 스스로에게 '웨슬리언이자 감리교인인 나는 누구인가?'를 묻기 시작했습니다.

웨슬리언은 누구인가?

우리는 유목하는 떠돌이 평신도 설교자들이었습니다. 나는 이 사실을 떠올릴 때마다 빠짐없이 울컥합니다.

'부름받아 나선 이 몸, 어디든지 가오리다'는 신념으로 설교자들은 200~500마일 반경의 험난한 개척지를 유목했고, 평생을 말 안장 위에서 보냈습니다. 질병과 맹수, 폭력배, 강도, 토착민들(소위 인디언들)의 위협에 늘 노출돼 있었던 설교자들은 목숨을 걸고 말씀을 전했습니다.

1850년까지 미국 감리교 감독교회에서 사망한 설교자는 737명이었습니다. 이 중 35세 미만 사망자가 200명이 넘었습니다. 뉴잉글랜드의 회중교회는 최고의 연봉을 보장해도 목사 지원자를 구하지 못해 늘 고심했습니다. 하지만 생명을 담보해야 하는 순회 설교 지원자는 늘어만 갔습니다.

1773년 첫 연회에 참석했던 순회 설교자는 10명이었는데, 애즈베리가 죽던 해인 1816년에는 700명을 넘어섰습니다. 생명을 걸고 말씀을 전했던 이들은 1773년부터 1790년까지 단 17년 동안 감리교인을 5,500% 성장시켰습니다. 서부 개척이 시작될 때, 설교자들은 "서부로!(Go West)"를 외치며 황무지에 도전하는 개척자들을 따라, 복음의 영토를 북미 전역으로 확장해 갔습니다.

그래서 1850년에는 미국 인구의 34%가 감리교인이 되었고, 감리교회와 웨슬리언은 미국 최대의 교단이 되었습니다. 내 어린 시절, 매주 금요일 저녁 번동시장 공터에 돗자리를 깔고 설교했던 젊은 성결

교 전도사님이 바로 그 순회 설교자였던 것입니다.[135]

우리는 배우지 못한 무식한 설교자들이었습니다. 1844년 4,282명의 순회 설교자 중 초등학교 졸업자는 단 50명에 불과했고, 이들 중 80% 이상은 글을 읽지 못했습니다. 〈흐르는 강물처럼〉의 맥클레인 목사님의 판단이 또 옳았습니다.

그러나 그들의 설교는 힘 있고 강력했습니다. 그들은 설교 강단을 신학교의 교탁이나 학술 대회장으로 만들지 않았습니다. 글을 모르는 탓에 설교를 달달 외워야 했지만, 여러 장소에서 같은 설교를 반복하며 점차 전달력과 극적인 표현력을 갖추게 되었습니다. 때로는 울고 웃으며, 때로는 춤을 추며, 때로는 큰 소리로 부르짖으며 정렬적으로 설교했습니다.

설교는 농업과 노동에 종사했던 94%의 이민자들의 삶에 깊숙이 파고들었고, 그들의 심령을 출렁이게 했습니다. 이것이 가능했던 이유는 설교자들이 실제로 농업, 수공업, 노동에 종사했기 때문이었습니다.

그들은 평상시 생업에 종사하다가 복음을 전할 곳이 생기면 일손을 놓고 복음의 현장으로 달려갔습니다. 이런 그들이었기에 누구보

---

135 당시 나는 '헌금도 받지 않는 저분은 도대체 왜 저러나?' 하며 이해하지 못했습니다. 아니, 알 수 없는 사기나 꼼수가 있을지도 모른다고 생각하기도 했는데, 그분은 끝까지 아무런 요구도 하지 않은 채 떠났습니다.

다 마을 사람들의 마음을 잘 이해했습니다. 심지어 설교자 중에는 노예 출신도 많았습니다. 아마 이 때문에 내 친척들이 감리교회로 이적한 나를 은근히 무시한 것이 아닌가 생각합니다.

또한 우리는 광신자들이었습니다. 하버드대와 예일대 교수단, 뉴잉글랜드 목회자 연합회, 잉글랜드에서 이주한 찰스 촌시(Charles Chauncy)와 같은 고학력 젠트리(gentry) 신학자들은 대각성 운동을 가리켜 '제정신이 아닌 자들에 의해 주도된 광신행위'라고 비난하며 성명서를 발표했습니다. 코네티컷에서는 야외 집회 금지법까지 만들어 부흥 운동을 저지하려 했지만, 성령의 불길을 끌 순 없었습니다.

감리교와 침례교 설교자들은 그게 누구였든 성령의 불구덩이로 뛰어들길 주저하지 않았습니다. 그 결과 1차 대각성 운동은 물론 2차 대각성 운동 동안, 폭발적으로 성장한 교단 역시 감리교회와 침례교회였습니다. 감리교회는 1789년에는 아예 뉴잉글랜드까지 들어가 선교에 성공합니다. 이 대목에서 기도원은 물론 이웃 교회 부흥회까지 교인들을 데리고 다니셨던 돌아가신 담임 목사님이 생각납니다.

그리고 우리는 가난뱅이들이었습니다. 19세기 중엽 뉴잉글랜드의 대졸 목사들이 연봉으로 1,000~3,000불을 받을 때, 평신도 순회 설교자들은 이들의 1/10 정도의 돈으로 생활했습니다. 그나마도 정해진 날짜에 정해진 금액을 받는 날은 거의 없었습니다.

재정 때문에 고심했던 애즈베리는 순회 설교자들의 결혼을 결사반대했고, 결혼한 설교자들은 순회하지 못하게 한적한 시골의 정착 목회지로 보내버렸습니다.

복음이 들어간 마을에 순회 설교자들이 들어가면, 마을 사람들은 설교자들에게 밥을 먹이고 옷을 입혀 주었습니다. 그러나 설교자들은 한곳에 머물다가 나올 때 먼지까지 털고 나왔고, 최저임금도 받지 못하며 복음을 전했지만 정작 노동자들이 어려울 때 사회복음을 외치며 그들과 함께했습니다.

웰치 감독(Bishop Herbert Welch, 1862~1969), 활동가 해리 워드(Harry F. Ward Jr.,1873~1966) 목사, 해리스 롤(Harris F. Rall, 1870~1964) 학장 등 감리교의 큰 어른들은 초기 자본주의의 타락에 맞서 앞장서서 사회정의와 공정분배를 외쳤습니다.

우리는 논쟁할 줄 모르는 사람들이었습니다. 진화론과 근본주의, 유니테리언(삼위일체 반대파) 논쟁이 미국을 휩쓸 때도 순회 설교자들은 복음을 전하느라 바빠서 논쟁이 벌어지는지도 몰랐습니다. 논쟁에 몰두했던 지적인 교단들은 이 기간에 갈기갈기 찢겨졌습니다.

그러나 감리교회와 침례교회는 오히려 이 기간에 타 교단들을 형제로 끌어안았습니다. 모라비언, 메노나이트, 아르미니안과 손잡고 흑인, 인디언, 타 교단 사람들에게도 교회 문을 활짝 열었습니다. 어릴 때부터 우리 집안의 어른들이 "감리교가 다른 것이 뭐냐?"고 물었을 때 내가 할 말이 별로 없었던 이유가 바로 여기에 있었습니다.

웨슬리언은 논쟁하기보다 일하는 사람들이었습니다. 신학이나 교리가 다르다고 싸울 시간에 한 사람이라도 더 구원하고, 하나의 십자가라도 더 꽂고자 노력했던 사람들이 우리 웨슬리언들이었습니다. 우리는 그리스도를 구주로 삼고 이 땅에 하나님의 나라를 건설하고자 노력하는 사람이면 그게 누구든 우리의 형제와 자매로 받아들였습니다. 그래서 나는 감리교인인 나를 더러운 순종이 아닌 창조적 잡종(hybridity)이라 생각하며 삽니다.

"웨슬리언은 누구인가? 감리교인은 누구인가?"

우리는 위와 같은 사람들이었습니다. 나는 우리의 정체성을 한마디로 정의한다면 '우리(웨슬리언)는 선교 그 자체인 교회(connect)'로 정의합니다.

우리 웨슬리언은 한 사람, 한 사람이 다 살아 움직이는 교회이자, 목사이자, 선교사이자, 설교자입니다. 우리 웨슬리언은 이 땅에 하나님의 복음이 가득하고 하나님 나라가 완성될 때까지 '최고의 정도(degree)'로 일하는 사람들입니다. 이들이 바로 우리입니다.

그래서 나는 지금까지 존 웨슬리가 어떤 분인지, 웨슬리언이 누구인지, 감리교 신학이 무엇인지 머리로 알아가는 일에 시간을 투자해 왔다면, 이제는 몸으로 웨슬리언 되는 일에 더 많은 실천을 하려고 합니다. 이러한 실천은 나이가 어려서부터 시작해야 하고, 그래야 더 큰 열매를 맺을 수 있습니다.

무엇보다 젊은이들, 이제 막 웨슬리언이 되고자 하는 사람들, 그리스도를 닮아가려는 영혼들에게 이 책이 작은 길잡이가 되길 감히 기도해 봅니다. 웨슬리언 정체성에 감격하고, 웨슬리언 되기(becoming-wesley)에 힘씁시다!

웨슬리 따라 갓생살기

1판 1쇄 발행 2024년 3월 10일
1판 2쇄 발행 2025년 4월 3일

지은이 이충범

발행인 김정석
편집인 김정수
발행처 도서출판kmc

서울특별시 종로구 세종대로 149 감리회관 16층
(재)기독교대한감리회 도서출판kmc
전화 02-399-2008 **팩스** 02-399-2085
www.kmcpress.co.kr

디자인·인쇄 코람데오

ⓒ 이충범, 2024, *Printed in Korea.*

ISBN 978-89-8430-912-8 03230

- 값은 뒤표지에 있습니다.
- 파본은 구입처에서 교환해 드립니다.
- 이 책 내용의 전부 또는 일부를 이용하려면 반드시 저작권자와 출판사의 서면동의를 받아야 합니다.